KB270862

목회 서신

● 이에스더 지음

KSI 한국학술정보㈜

머리말

목회서신은 바울이 그의 믿음의 아들인 디모데와 디도에게 각각 보낸 서신으로서 당시 디모데가 목회하고 있던 에베소 교회와 디도가 목회하고 있던 그레데 교회에 필요한 실제적인 문제를 다루고 있다.

그런데 이 목회서신에서 다루고 있는 문제들은 대부분 현대 교회에서도 반드시 다루어야 할 문제들이다. 따라서 목회서신은 오늘날 주님의 몸 된 교회에서 하나님의 양 무리를 돌보는 목회자들이 반드시 숙지해야 할 책이라고 할 수 있다. 또한 하나님의 부르심을 받고 주의 종의 길을 가기 위해 신학을 공부하는 학생들에게 있어서 목회서신은 선택과목이 아니라 '필수과목'이라고 할 수 있다.

뿐만 아니라 목회서신은 오늘을 살아가는 모든 그리스도인들에게도 귀중한 교훈을 주고 있다. 즉, 오늘날 그리스도인들이 경계하고 대적해야 할 것이 무엇이며, 또 신앙생활에서 진정으로 간직하며 지켜 나가야 할 것이 무엇인가를 잘 가르쳐 주고 있다.

이 책은 필자가 10여 년 전부터 지금까지 신학교에서 학생들에게 강의하고 있는 내용을 정리한 것이다. 따라서 이 책은 목회서신을 강의하고자 하는 모든 교수들과 목회자들을 비롯하여 신학생들과 교회

중직자들, 그리고 평신도에 이르기까지 많은 유익이 될 줄 확신한다.

한편 이 책에서는 본문 내용과 관련된 성경 구절들을 직접 찾아 읽음으로써 보다 효과적으로 내용을 연구하게 하였으며, 이때 본문의 내용과 직접 관련 있는 성구들뿐만 아니라 내용을 연구하는 데 도움이 되는 간접적인 성구들도 함께 수록하였음을 밝힌다.

이 책을 출간하는 데 애써 주신 한국학술정보(주) 편집부 관계자들에게 감사드린다. 또한 늘 곁에서 돌보아 주시고 격려해 주시는 남편 이동수 장로님께 감사드리고, 아들 건우에게도 고마움을 전하고 싶다.

2009년 8월

이에스더

1. 목회서신이란?

디모데전서와 디모데후서, 그리고 디도서를 통칭하여 목회서신이라 한다. 이 서신들이 목회서신으로 분류된 것은 형식상으로는 사적(私的) 서신이지만, 내용상으로는 교회의 조직과 감독, 이단에 대한 경계, 교인들을 향한 윤리적 권면 등 전반적인 교회 치리에 관한 목회 지침을 담고 있기 때문이다.

'목회서신'이란 명칭은 토마스 아퀴나스(Thomas Aquinas)가 "이 세 편지는 그 내용이 모두 교회에서 목양(牧羊)하는 것에 관하여 다루었다."고 한 데서 기인하며, 1726년 독일의 경건파 폴 안톤(Paul Anton)이 정식으로 사용했다. 목회서신은 '목회자 지침서'로서 멘토링(Mentoring) 서신이라고도 한다.

2. 기록 목적

1) 외부 이단사상으로부터 복음의 순수성을 보호하기 위해

예수 그리스도의 승천과 오순절 성령강림 이후 초대 교회는 폭발적인 양적 성장으로 인해 곳곳에 지역 교회들을 세우게 되었다. 그러나 이러한 양적 성장과는 달리 질적 성장이 뒷받침되지 못했기 때문에 교회 안에는 이단사상(영지주의)이 침투하게 되었다. 이처럼 바울이 전도 사역에 힘쓸 당시 이미 교회 안에는 이단사상으로 인한 분란이 일어났던 것이다.

따라서 바울은 이단사상을 배격하고 복음의 순수성을 변호하며 교인들을 신앙으로 바로 세우기 위해 당시 목회에 주력하고 있던 디모데와 디도를 향하여 목회서신을 기록하게 되었다(1:4-7; 딤후 2:23-26; 딛 1:1-9).

2) 교회 내 성도들의 성숙한 신앙생활을 위해

바울은 외부로부터의 도전뿐 아니라 영적인 나태로 인해 비롯된 내부로부터의 신앙적 와해(瓦解)를 막고 경건의 훈련과 도덕적인 품성을 고양시키고자 목회서신을 기록하였다.

특히 바울은 양적으로 성장한 교회들이 아직 미성숙하며, 지도자들의 수준도 미흡한 점을 감안하여 교직(教職) 제도와 그에 따른 교역자들의 자질을 규정하기 위해 목회서신을 기록하였다.

3) 교회 조직과 제도를 강화하기 위해

교회의 조직과 제도를 새롭게 정비하고 충성스러운 일꾼들을 세워 교회가 진리 위에 굳게 서서 성장하고 발전할 수 있도록 하기 위해 기록하였다.

3. 저자

    목회서신은 오늘날에 이르기까지 바울이 저자라는 것에 대한 이견은 거의 제시되지 않았다. 그러나 19세기 초엽에 자유주의적인 학자들이 목회서신의 진정성에 대하여 의문을 제기하였는데, 오늘날 자유주의적인 학자들은 바울을 저자로 보지 않고 바울의 제자 중 한 사람이 한두 세대가 흐른 후에 기록했다고 주장한다.

    그러나 목회서신은 각기 그 서두에서 바울이 저자임을 분명히 밝히고 있다(딤전 1:1-2, 13, 15; 딤후 1:1-2, 8; 딛 1:1-4). 따라서 바울의 저작으로 보는 것이 옳다.

딤전 1:1-2

딤후 1:1-2

딛 1:1-4

4. 수신자

1) 디모데

(1) 출생 및 성장

'디모데'는 '하나님을 영화롭게 한다'는 의미를 가지고 있는데, 그는 더베(혹은 루스드라) 사람으로(행 20:4) 헬라인이었던 아버지와 유대인이었던 어머니 사이에서 출생하였다(행 16:1).

행 20:4

행 16:1

디모데의 아버지가 그리스도인이었는지에 대해서는 성경에 아무런 언급이 없으나, 어머니 유니게와 할머니 로이스는 거짓 없는 신실한 믿음의 소유자였기 때문에 디모데는 그 믿음을 유산으로 물려받았다.

딤후 1:5

딤후 3:15

바울이 제1차 전도 여행 중 더베와 루스드라를 방문했을 때 디모데는 그곳에 살고 있었던 것 같다(참조, 행 16:1). 그러나 디모데가 바울로 말미암아 예수 그리스도를 영접했는지의 여부는 확실하지 않다.

디모데는 바울의 나이 30~35세 경일 때 태어나, 바울로부터 서신을 받았을 때의 나이는 바울의 나이의 절반인 30여 세로 추정된다(딤전 4:12). 또한 그는 어려서부터 성경 말씀으로 철저히 양육되어 바르게 성장한 것으로 여겨진다(딤후 3:14-15).

딤전 4:12

(2) 회심

확실하지는 않지만 바울이 제1차 전도 여행을 위해 더베에 들렀을 때 회심한 것으로 보이며(행 14:6-7, 20-21), 회심한 후 바울과 특별한 관계를 맺게 된다.

(3) 사역

디모데의 목회자적 자질은 일찍부터 인정되었다(딤전 1:18; 4:14; 딤후 4:5). 그래서 바울은 디모데를 그의 동역자로 삼았으며, 디모데는 바울의 가장 신뢰할 만한 동료가 되었다(참조, 롬 16:21; 고전 16:10; 빌 2:19-22; 살전 3:2, 6).

여섯 개의 바울 서신에서 디모데는 바울과 문안 인사에 함께 등장하고 있다(고후 1:1; 빌 1:1; 골 1:1; 살전 1:1; 살후 1:1; 몬 1:1). 바울에게 있어서 디모데는 매우 사랑스러운 존재였기 때문에 바울은 감옥에서 남은 여생을 보내는 동안 자신과 함께 지내 줄 것을 디모데에게 요청하였다(딤후 1:4; 4:9, 21).

딤후 4:21

로마의 1차 투옥에서 풀려난 바울은 자신이 세운 소아시아 지역의 교회들을 두루 방문하던 중 골로새를 방문하고 이어 에베소를 방문하였으며, 그곳에서 빌립보에서 온 디모데와 합류하였다. 그리고 당시 에베소 교회의 여러 문제를 인지(認知)한 바울은 디모데를 에베소에 남겨 두어 그 같은 문제들을 대처하도록 하였다(딤전

1:3-4). 그 후 바울은 디모데에게 한 통의 서신을 써 보내는데, 그것이 바로 목회에 대한 권면이 담겨 있는 디모데전서이다.

디모데는 천성적으로 소극적인 사람으로서 수줍음을 잘 타서 쉽게 물러서는 성격을 가졌던 것 같다(참조, 딤후 1:7). 그러므로 바울은 디모데에게 적극적으로 행동할 것을 권했다(딤전 1:3; 4:11; 5:7; 6:2; 딤후 3:14; 4:2, 5).

딤후 1:7

딤후 3:14

한편 디모데전·후서는 에베소와 그 지역의 교회들을 목회하는 디모데에게 보낸 개인적인 서신이지만, 내용적으로 볼 때는 개인적인 것보다는 교회적인 것을 더 많이 언급하고 있다. 특히 디모데전서는 교회에 대한 전반적인 내용들을 언급하고 있어서 사적(私的)인 서신이지만 공적(公的)인 성격을 띠고 있다.

2) 디도

디도는 디모데에 비해 잘 알려져 있지 않지만 디도도 디모데처럼 바울에 의해 예수 그리스도를 믿었거나 바울의 보호 아래 있었던 것으로 보인다(참조, 딛 1:4). 그러나 그가 언제 어디서 예수 그리스도를 믿게 되었는지에 대해서는 잘 알려져 있지 않다. 또한 그가 헬라인이었다는 사실(갈 2:3) 외에는 그의 가족 상황이나 출신 배경 등에 대해서도 알 수 없다.

딛 1:4

그러나 디도가 바울의 신실한 동역자였음은 분명하다. 디도는 바울로부터 어려운 과제를 부탁받았는데, 그것은 바울을 대신하여 문제가 많은 고린도 교회를 맡는 일이었다(고후 2:13; 7:6-7, 13-15; 8:6, 16-17).

고후 8:16-17

바울이 1차 투옥으로부터 풀려난 후 바울과 디도는 그레데를 방문하였으며, 바울은 디도를 그곳에 남게 하여 사역을 계속하게 하였다(참조, 딛 1:5). 그 후 바울이 2차로 투옥되었을 때 디도는 그레데를 떠나서 달마디아로 갔는데(딤후 4:10) 아마도 복음을 증거할 목적 때문이었던 것으로 보인다.

딛 1:5

한편 디도서는 바울이 그레데 교회를 목회하고 있는 디도에게 보낸 개인적인 서신으로서, 이 서신 역시 사적인 서신이면서도 교회 전반에 대해 언급하는 것으로 보아 공적인 서신의 성격을 띠고 있다.

5. 기록 연대

바울의 전도 여행은 대략 A.D. 48~56년경에 이루어졌다. A.D. 56~60년경에 바울은 로마의 법정들을 거치면서 거의 로마에 이르렀다. 61~62년경, 약 2년 동안 바울은 로마에서 갇힌 몸으로 있었고, 이 기간이 끝나갈 무렵 그는 석방된 것으로 추정된다.

A.D. 62~67년 사이에 바울은 비교적 자유롭게 여행하면서 디모데는 에베소에, 디도는 그레데에 머물게 하였으며, 그 결과로 그들에게 각기 서신을 보내게 된 것이었다. 그러므로 디모데전서와 디도서의 연대로 추정할 수 있는 것은 대략 A.D. 63~66년경이다.

그가 다시 체포되어 재차 투옥된 후에 디모데에게 두 번째 서신을 보낸 것이 디모데후서이다. 그러므로 바울의 최후 서신인 디모데후서의 연대는 A.D. 67년으로 추정할 수 있다.

6. 목회서신의 특징

1) 디모데전서

디모데전서는 시종일관 유대주의적인 영지주의에 대해서 경계하고 있는데, 중간에 목회의 실제적인 문제들이 구체적으로 밝혀져 있다. 즉, 남녀의 행동지침, 사회생활 일반에 대한 태도(2장), 감독 및 집사 등 교회 직분 선정 방법(3장), 남녀노소, 특히 과부 및 장로 등 교회의 각층을 대하는 태도(5장)를 구체적으로 지시하고 있다. 따라서 본서는 가장 순수한 목회서신으로서 모든 시대의 교회에 응용될 귀중한 지침서이다.

2) 디모데후서

디모데후서는 디모데전서와는 달리 거의 개인적인 편지로서 디모데 개인에 대한 격려와 바울 자신의 개인적 간증으로 일관한다. 이 서신은 디모데의 믿음에 대한 칭찬과 격려로 시작하여(1:13-14) 여러 배신자에 대한 섭섭한 마음을 토로하고(1:15-18), 전도자로서 갖추어야 할 여러 가지 지시가 있은 후(2, 3장), 바울이 임종에 직면하여 신앙생활을 결산하는 고백적 내용으로 끝마치고 있다(4:1-8).

3) 디도서

디도서는 디모데전서와 내용이 비슷하여 디모데전서의 축소판을 보는 듯하다. 디도서에서는 장로직에 대해서 언급한 후(1:5-9), 이단에 대한 경계(1:10-16), 교회 내의 각층에 대한 지침(2장), 사회 생활에 대한 지침(3장)으로 마쳐진다.

특이한 점은 짧은 서신이면서도 서두의 문안이 가장 길고 신학적인 논조를 띠고 있으며(1:1-4), 재림론(2:11-14)이나 구원론(3:3-7)과 같은 교리적인 내용을 담고 있다는 것이다. 그래서 목회서신은 비신학적이라는 공격에 대해 디도서가 방파제 역할을 하고 있다.

4) 목회서신에 나타난 신학적 특징

(1) 하나님을 구주로 부른다.

딤전 2:3-4

딛 2:11

(2) 예수 그리스도의 나타나심을 강조한다. 여기서 예수 그리스도의 나타나심이란 예수 그리스도의 초림(딤전 3:16)과 재림(딤전 6:14; 딛 2:13)을 의미하는데, 예수 그리스도의 나타나심은 때로 '하나님의 은혜의 나타나심'과 동일시되고 있다(딤후 1:9-10).

딤전 3:16

딤전 6:14

딛 2:13

딤후 1:9-10

(3) 교회의 리더십에 대한 강조가 부각되어 있다.

(4) 도덕적, 윤리적인 삶의 중요성을 반복적으로 강조하고 있다.

딛 2:5

딛 2:8

딛 2:10

7. 목회서신에 나타난 이단사상

1) 성격

목회서신에 나타난 이단들의 성격은 사변적(思辨的)이며 이지적
(理智的)이다. 그들은 자신들이 가진 지식을 절대시하며 교회 안에
헛된 변론을 일으켰는데(딤전 1:4), 그것에 휩쓸린 자들의 가르침
은 어리석은 말다툼에 빠지게 하는 것이었으며(딤전 6:4) 진리와는
무관한 탁상공론(卓上空論)에 불과했다.

그런데 이러한 이단자들은 교회 내의 거짓되고 교만한 지식인들
이 주류를 이루고 있었으며, 실제적으로는 아무것도 알지 못하면서
자신들이 소유한 편협한 지식만이 참다운 구원과 행복을 제공한다
고 하는 교만에 빠져 있었다(딤전 6:4). 그런 자들 가운데에는 '족
보'를 가지고 헛된 교훈이나 쓸모없는 논쟁을 하고, 현실적이지 못
한 신화(神話)들을 지어 내는 사람들이 있었다(딤전 1:4; 딛 3:9).

딤전 1:4

---

2) 부류

(1) 금욕주의자들

이들은 음식에 관한 특별한 규정을 만들었으며 성(性)을 부정한 것으로 간주하여 결혼을 포기하도록 강요하였다.

딤전 4:3

---

(2) 방종자들

또 다른 이단자들은 오히려 부도덕한 생활에 젖어 있었다. 그들은 성적으로 문란하여 어리석은 여자들을 유혹하였으며 스스로를 쾌락에 내던졌다.

딛 3:3

---

(3) 율법주의자들

이들은 할례를 행하였으며 다른 사람들도 할례를 시행(施行)하도록 강요하였다.

딛 1:10

율법주의자들의 진정한 목적은 그리스도 안에서 성숙한 신자가 되는 것이 아니라 유대교의 전통과 율법을 가르치는 교사가 되는 것이었다.

딤전 1:7

또한 율법주의자들은 유대인의 허탄한 이야기와 사람들이 만들어 낸 명령을 좇도록 연약한 자들을 유혹하였다.

딛 1:14

더욱이 율법주의자들은 그리스도인들이 경험하는 부활은 단지

침례를 통하여 예수 그리스도와 더불어 죽고 더불어 산다는 영적 의미라고 주장하여 육신의 부활을 부정하였을 뿐만 아니라 인간이 경험하고자 했던 전인격적인 부활은 이미 지나갔다고 주장하였다.

딤후 2:18

디모데전서

1 Timothy

1. 제목

헬라어 원전(原典)에는 수신자 디모데의 이름을 따서 '프로스 티모데온 알파'(προς Τιμοθεον Α), 즉 '디모데에게 보내는 첫 권'으로 되어 있으며, 영어 성경에는 '1 Timothy'로, 한글 개역개정판 성경에는 '디모데전서'로 되어 있다.

2. 기록 목적

1) 당시 교회를 위협하고 있던 이단과 사설을 경계하기 위해

당시 가장 두드러졌던 이단은 내적으로는 유대 율법주의자들의 가르침이었으며, 외적으로는 신화적인 족보에 착념하게 하는 영지주의였다. 그들은 그럴듯한 논리를 앞세워 교회를 위협하고 성도를 미혹하였다. 따라서 사도 바울은 디모데에게 이와 같은 거짓 가르침을 배격하고 참된 진리를 전하게 함으로써 교회를 보호하기 위해 본서를 기록하였다.

2) 목회의 원칙과 지침을 디모데에게 전해 주기 위해

디모데는 바울의 제2차 전도 여행부터 바울과 동행하면서 많은 경험을 쌓았다. 그러나 한곳에 계속 머무르면서 목회를 한다는 것은 걸코 쉬운 일이 아니었다. 디모데의 이러한 입장을 잘 알고 있던 바울은 사도로서의 자신의 권위를 배경으로 디모데를 후원하는 동시에 교회의 건전한 치리를 위한 지침을 주기 위해 본서를 기록하였다.

3) 신실한 신앙생활에 관해 교훈하기 위해

본서는 목회자의 위치에 있는 디모데뿐만 아니라 에베소 교회의 성도들을 비롯하여 오늘날 우리 그리스도인들에게도 귀중한 교훈을 주고 있다. 즉, 부름 받은 그리스도인들이 경계하고 대적해야 할 것이 무엇이며, 또 신앙생활에서 진정으로 간직하며 지켜 나가야 할 것이 무엇인가를 가르쳐 주고 있는 것이다.

3. 배경

바울은 로마의 자기 셋집에서의 구속 상태에서 풀려난 후 에베소를 방문하였는데, 그곳 교회를 감독하도록 하기 위해 디모데를 에베소에 남겨 두고 자신은 마게도냐(그리이스 북부)를 향해 갔다. 그리고 전도 여행을 하는 동안 디모데에게 편지를 하여 에베소 교회를 잘 돌보라고 권면한 것이다.

4. 특징

이단에 대한 경계가 서신의 주류를 형성하고 있는 본서는 신학적이고 교리적이기보다는 도덕적이고 실천적인 면이 강조되고 있다. 특히 본서는 순수한 목회서신으로 교회 생활의 제반 문제를 다루고 있어서 오늘날 교회에도 많은 영향을 끼치고 있다. 한편 본서는 디모데후서와 디도서에 비해 비교적 포괄적이며 다양한 종류의 목회 현안들을 구체적으로 다루고 있다.

5. 에베소 교회

에베소는 우상 숭배와 타락한 이방의 문물이 성행하던 곳이었다. 그러나 바울은 이곳에 복음을 전하고(행 19장) 약 3년간 자신의 정열을 쏟아 교회를 개척하였다. 바울은 에베소에서 개척을 시작할 때부터 에베소를 떠날 때까지 계속 믿음의 아들인 디모데와 함께 동역하였다. 그 결과 에베소 교회 내에서 디모데의 지도자로서의 위치가 확보될 수 있었다.

바울은 자신이 아끼고 사랑하는 에베소 교회를 디모데에게 맡겼으며(딤전 3:14-15), 또한 그가 그곳을 떠나 있을 때에도 계속 에베소 교회에 대해 관심을 가지고 있었다(엡 1:1).

한편 바울의 이러한 노력에 의해 에베소 교회는 점점 조직적인 모습을 갖추게 되었으며 장로(딤전 3:1; 행 20:17)와 집사들의 활동도 성숙한 단계에 이르게 되었다. 더욱이 교회 안에서 성도들은 지체의식을 가지고 서로에 대해 '형제'(4:6), 또는 '성도'(5:10)라고 불렀으며 교회의 지도자들을 중심으로 모이기에 힘썼다(2:8-12; 5:5). 에베소 교회가 이렇게 성숙한 모습을 지니게 된 것은 바울과 디모데를 비롯한 훌륭한 지도자들의 헌신과 사랑이 있었기 때문이다.

디모데전서에 나타난 주요 지명들

6. 개요

1) 복음의 진리 수호에 관한 교훈 (1:1-20)

(1) 문안 인사 (1:1-2)

(2) 이단에 대한 경계 (1:3-11)

(3) 바울의 간증 (1:12–17)

(4) 디모데에 대한 권면 (1:18–20)

2) 공중예배와 교회 직분자에 관한 교훈 (2:1–3:16)

(1) 기도에 관한 교훈 (2:1–7)

(2) 남녀 성도에 관한 교훈 (2:8–15)

(3) 감독의 자격 (3:1–7)

(4) 집사의 자격 (3:8–13)

(5) 본서를 기록한 목적과 경건의 비밀 (3:14–16)

3) 목회자의 자세와 직무에 관한 교훈 (4:1–16)

(1) 이단사설에 대한 경계 (4:1–5)

(2) 참된 목회자의 자세 (4:6–11)

(3) 바울의 개인적인 권면 (4:12–16)

4) 교회 각층의 성도들에 관한 교훈 (5:1–6:2)

(1) 남녀노소에 대하여 (5:1–2)

(2) 과부들에 대하여 (5:3–16)

(3) 장로들에 대하여 (5:17–20)

(4) 목회 지침 (5:21–25)

(5) 종들에 대하여 (6:1–2)

5) 마지막 교훈(6:3-21)

(1) 이단과 돈에 대한 경계(6:3-10)
(2) 디모데에 대한 개인적인 권면(6:11-21)

I. 복음의 진리 수호에 관한 교훈 (1:1-20)

1. 문안 인사 (1:1-2)

1) 구주 하나님과 소망이신 그리스도 (1:1)

구원은 유일한 구주이신 하나님으로부터 비롯된다. 바울은 그 구
주이신 하나님으로부터 사도로 세움을 입었기 때문에 구원의 사도
가 된 것이다. 한편 바울이 소망이신 그리스도를 언급한 것은 어려
움에 처한 디모데를 격려하기 위함이었다.

2) 하나님과 그리스도 예수의 명령을 따라 사도된 바울(1:1)

바울은 예수 그리스도의 12제자(나중에 사도로 불림) 중에 포함
되지 않았을 뿐만 아니라 오히려 그리스도인들을 핍박하던 자였다.
그러므로 대부분의 유대인들은 바울이 회심한 후에도 그를 사도로
인정하려 하지 않았다. 그리고 적지 않은 유대 그리스도인들이 바
울의 선교지 교인들로 하여금 바울의 사도권을 의심하게 함으로써
교회에 상당한 혼란을 초래하였다. 따라서 바울은 서신의 서두에

강력하게 그의 사도권을 주장하고 있는 것이다.

초대 교회 당시 사도들의 권위는 대단한 것이었다. 모든 그리스도인들은 예수님과 함께 생사고락을 같이했던 사도들의 말을 가장 권위 있게 받아들였기 때문이다. 이런 면에서 볼 때 바울은 큰 약점을 가지고 있었던 것이다. 바울은 예루살렘 공회로부터 정식 사도로 공인된 것이 아니었다. 그러므로 바울의 대적자들인 유대인들은 이 문제를 항상 제기함으로써 바울을 괴롭혔다. 그러나 바울은 다메섹 도상에서 부활하시고 승천하신 예수 그리스도를 만났고, 이를 통해 회심했으며 아나니아를 통해 이방인과 임금들과 이스라엘 자손들에게 복음을 전하기 위한 사도로 택함을 입게 되었던 것이다.

행 9:15

3) 믿음 안에서 참아들 된 디모데 (1:2)

헬라와 로마인들 중에는 스승과 제자를 부자(父子) 관계로 표현하는 관습이 있었다. 바울도 자신이 전도한 제자들을 자녀에 비유하곤 했다. 성도들의 유일한 아버지는 하나님이시지만, 신앙으로 양육해 준 사람은 이차적인 영적 아버지라고 할 수 있다.

고전 4:14-17

갈 4:19

마 12:46-50

4) 은혜, 긍휼, 평강을 비는 인사 (1:2)

바울은 일반적으로 서신의 서두에 '은혜와 평강'이라는 말로 문안 인사를 하는데, 본문과 디모데후서 1:2에서는 여기에 '긍휼'이란 말을 첨가했다. 그 이유는 디모데가 당시 유대주의와 영지주의가 성행(盛行)하던 소아시아의 에베소 교회에서 어려운 사역을 했기 때문에 하나님의 긍휼이 필요했기 때문이다.

2. 이단에 대한 경계 (1:3-11)

바울이 자신의 믿음의 아들이요 후배 목회자이기도 한 디모데에게 목회 지침을 주면서 이단(異端)의 영향력을 차단하고 정통교리의 확립에 힘쓸 것을 강조한 것은 초대 교회 당시 정통교리의 확립이 무엇보다 중요했기 때문이다.

초대 교회는 교회의 분열과 미비한 조직 정비가 내부적인 문제였으며, 외부적으로는 유대주의자들, 로마제국의 박해, 성도들을 유혹하는 이단들의 도전이 문제였다. 그중에서도 특히 이단들의 도전은 교회의 본질을 변질시키려는 심각한 도전이었다. 따라서 바울은 무엇보다 먼저 바른 복음에 근거한 정통교리의 확립과 사수를 목회자의 가장 큰 소명으로 제시하고 있는 것이다. 한편 초대 교회 당시에 성행했던 주요 이단은 유대 율법주의적 이단과 헬라 사상의 영향으로 발생한 영지주의(Gnosticism)였다.

* 영지주의 (Gnosticism)

영지주의는 A.D. 1세기에서 2세기에 걸쳐 중근동(中近東) 일대에 파급된 사상운동으로서, 이는 종교라기보다는 철학적 사변(思辨)의 색채가 짙다. 또한 영지주의는 기독교와 관계있는 헬라 철학 사상과 유대, 바벨론, 페르시아 등의 동양의 종교사상이 혼합된 것으로서 점차 기독교에 접근하였으므로 바울과 초대 교회 교부들이 그것에 대항하여 싸웠다. 그러나 영지주의는 A.D. 3세기부터 쇠퇴하여 A.D. 5세기에는 거의 소멸되어 갔다.

영지주의의 특징은 이원론(二元論)이며, 그 중심사상은 영혼은 절대적으로 선하고 육체는 절대적으로 악하다는 것이다. 이와 같은 비 성경적인 이원론으로부터 다음과 같은 오류들이 발생되었다.

① 인간의 육체는 물질이기 때문에 악하다. 그러므로 인간의 육체는 순수한 영이시며 선하신 하나님과 상반된다.

② 구원은 육체의 속박으로부터 벗어나는 것을 말한다.

③ 예수 그리스도의 참된 인성을 부인한다. 즉, 예수 그리스도는

육체를 가지고 있는 것처럼 보였을 뿐이며, 하늘의 예수 그리스도는 인간 예수가 침례를 받을 때 결합하였다가 십자가에서 죽을 때 다시 떠나갔다.

④ 육체는 악한 것이기 때문에 가혹하게 다루어야 한다.

이와 같은 영지주의의 이원론은 도덕적 타락을 야기했다. 왜냐하면 육체는 악하기 때문에 육체를 통해서 하나님의 계명을 어긴다고 하더라도 아무 상관이 없다고 생각했기 때문이다.

1) 바울이 디모데를 에베소에 머물게 한 이유 (1:3-4)

어떤 사람들(유대주의자, 영지주의자)을 명하여 다른 교훈을 가르치지 말게 하며 (참조, 갈 1:6-9), 신화와 끝없는 족보에 몰두하지 말게 하기 위함이다.

갈 1:6-9

* 신화 (1:4)

'신화'(μῦθοις)는 원래 넓은 의미에서 '말'(word, speech)을 뜻했다. 그러나 점차 그 개념이 한정되어 결국 만든 이야기 즉, 꾸며진 이야기를 뜻하게 되었다. 이 단어는 신약성경에서 베드로후서 1:16 외에는 모두 목회서신에 4회 나타나고 있다 (딤전 4:7; 딤후 4:4; 딛 1:14).

그런데 여기서 말하는 신화란 영지주의의 창조설이나 아니면 헬라와 로마신화의 영향을 받아 어떤 가문(家門)이나 도시의 기원을 어떤 신(神)에게까지 소급시켜 언급하는 것을 가리킨다. 즉, 어떤 신이 세상에 내려와서 어떤 성(城)을 세웠다느니, 혹은 신이 어떤 집 여자와 혼인하여 한 가문을 세웠다는 등 허황된 이야기가 바로 그것이다.

* 끝없는 족보 (1:4)

이는 혈통상 아브라함의 후손인 것을 자랑하여 자신들이 하나님의 선민(選民)임을 강조하던 유대주의(Judaism)의 영향을 받은 것으로서 자신의 족보를 유명한 조상들에게까지 억지로 연결시키던 것을 가리킨다. 이러한 경향은 유대인들에게서 심했지만 헬라인이나 로마인들에게서도 찾아볼 수 있었다.

한편, 유대인들은 족보를 중시하며 이스라엘(야곱)에게까지 족보를 소급하여 계수하지 못하면 선민(구원의 반열)에서 탈락되었다고 한다. 그러나 이는 이신득의에 정면으로 배치되는 주장이다. 하나님의 나라는 말에 있지 아니하고 능력에 있기 때문이다.

고전 4:20

2) 교훈의 목적 (1:5)

이단에 대한 교훈의 근본적인 목적은 성도들의 청결한 마음과 선한 양심, 거짓 없는 믿음을 지켜 그들로 하여금 온전한 사랑을 실천하도록 하는 데 있다.

(1) 바울이 다른 교훈을 가르치지 말며 신화와 끝없는 족보에 몰두하지 말라고 한 (3-4절) 교훈의 목적은 사랑인데, 율법주의자들은 이에서 벗어나 헛된 말에 빠져 오히려 율법의 선생이 되려고 하였다. 이들은 율법을 잘못 이해하고 있었기 때문에 결국 율법을 잘못 사용하게 되었고 율법주의자들이 된 것이다.

딤전 1:6-7

____

____

(2) 율법은 적법 (適法)하게 쓰면 즉, 율법의 원래 목적에 맞게 쓰면 선한 것이다 (8절). 율법은 본래 구원의 조건으로 주어진 것이 아니다. 구원의 조건은 오직 예수 그리스도를 믿는 것뿐이다. 율법은 불법을 행하는 자들 때문에 주어진 것이다.

딤전 1:9-10

____

____

(3) 구원과 관련하여 믿음과 율법을 대비해서 집중적으로 다루고 있는 곳이 갈라디아서다.

갈 2:16

(4) 율법은 하나님의 백성이 하나님과 교제하기 위해서 알고 있어야 할 지침서이지 구원의 교리가 아니다. 예컨대 십계명은 이미 하나님의 선민이 된 이스라엘 백성이 '하나님의 백성답게'살기 위해 지켜야 할 계명이지 구원의 교리가 아니다(출 20:1-17).

출 20:1-13

3. 바울의 간증 (1:12-17)

바울은 먼저 자신이 과거에 예수 그리스도를 핍박하던 자였으나 복음으로 말미암아 회심한 후에는 도리어 복음을 위하여 순교까지 각오하는 자가 되었음을 간증한다.

1) 바울에게 직분을 맡기신 이유 (1:12)

하나님께서는 바울을 변화시키시고, 또 능력까지 주신 뒤에 그를 충성되게 여기시고 그에게 직분을 맡기셨다. 그리고 직분을 능히 수행할 수 있도록 능력을 부여하신 것이다.

빌 4:13

2) 구원받기 전의 바울 (1:13)

바울은 구원받기 전에는 비방자요 박해자요 폭행자였다. 그는 영적 무지 때문에 하나님께 대하여 열심을 낸다고 한 것이 오히려 죄인의 괴수 역할을 하게 된 것이다.

3) 바울의 구원과 그 이유 (1:14-16)

하나님께서는 바울이 모르고 한 일에 대해서는 긍휼히 여기시고 오히려 풍성한 은혜를 베풀어 주시므로 그를 구원해 주셨다. 이처럼 하나님께서 바울을 긍휼히 여기시고 구원해 주신 이유는 영생을 얻는 자들에게 본이 되게 하려 하심이다 (16절). 즉, "그리스도 예수께서 죄인을 구원하시려고 세상에 임하셨다" (15절)는 복음을 전파하는 자로 세우기 위함이었다.

4) 구원의 하나님 찬양 (1:17)

바울의 찬양은 이 세상의 어떤 왕이나 황제와도 비교할 수 없는 하나님의 유일한 지존(至尊)을 강조한 것이다.

4. 디모데에 대한 권면 (1:18-20)

앞에서 언급한 바울의 은혜 체험 간증은 삽화적이다. 바울은 다시 본론으로 돌아가서 디모데를 권면하고 있다. 즉, 본문은 복음 전도 사역이 사탄과의 영적 전투이며 이 전투에서 승리하기 위해서는 예언, 다시 말해서 하나님의 말씀 위에 굳게 서야 하며 (18절) 굳건한 믿음과 착한 양심이 선행되어야 함을 말하고 있다 (19절).

1) 선한 싸움을 싸우라 (1:18)

우리의 씨름은 혈과 육에 대한 것이 아니기 때문에 (엡 6:12), 우리의 혈기로 싸우면 이기든 지든 하나님의 편에서 볼 때는 지는 것이다. 그러므로 전신갑주로 무장하여 (엡 6:10-17), 악에게 지지 말고 선으로 악을 이기는 선한 싸움을 싸워야 한다 (롬 12:21).

(1) 선한 싸움의 상대

혈육과의 싸움이 아니라 배후의 세력인 사탄과의 싸움이다. 죄는 미워하되 죄인은 사랑하는 자세로 싸워야 한다.

(2) 선한 싸움의 무장

전신갑주를 입고 싸워야 승리할 수 있다 (엡 6:13–17).

(3) 선한 싸움의 방법

비폭력적이고 무저항적이며 희생적이어야 한다.

(4) 선한 싸움 목표 (결과)

궁극적으로 하나님의 뜻이 성취되고 하나님의 영광을 드러내는 것이어야 한다.

2) 믿음과 착한 양심을 가지라 (1:19)

진실한 믿음과 착한 양심을 갖는 것은 목회자에게 있어서 필수 조건이다. 이런 조건이 충족되지 않을 때 즉, 믿음이 형식적인 것이 되고 양심이 무디어질 때 삯꾼 목자가 된다. 또한 믿음과 착한 양심을 갖지 않으면 하나님의 영광을 구하지 않고 자기의 유익을 구하게 되며, 성령으로 시작했다가 육체로 마치게 된다. 처음부터 삯꾼이 되겠다고 하는 목회자는 없겠지만 세상과 조금씩 타협하다 보면 자기도 모르는 사이에 삯꾼이 되는 것이다.

그러므로 바울은 후메네오와 알렉산더를 떠올리면서 경각심을 불러일으키고 있다. 후메네오와 알렉산더 (딤후 4:14의 구리장색 알렉산더와 동일 인물로 봄)도 처음에는 바울과 긴밀히 협력하면서 사역을 했던 것으로 보인다. 그러나 세상과 타협하고 자기의 욕심을 좇다 보니 결국 바울을 배반하고 교회를 떠난 것이다.

딤후 4:14

* 사탄에게 내어준 것 (1:20)

교회에서 출교(黜敎)시킨 것을 말한다. 즉, 교회 밖에 있는 사탄
의 세상으로 보내기 때문에 사탄에게 내어준다고 표현한 것이다.
출교의 목적은 개인적으로는 깨우치게 하기 위함이고(고전 5:5),
교회적으로는 하나님의 일이 훼방을 받지 않도록 하기 위함이다.

고전 5:5

Ⅱ. 공중예배와 교회 직분자에 관한 교훈 (2:1-3:16)

1. 기도에 관한 교훈 (2:1-7)

바울은 공중예배 시 공중기도를 함에 있어서 모든 사람을 위해
기도하되 특별히 국가의 지도자들을 위해 중보기도할 것을 명령하
면서 그 필요성에 대하여 교훈했다. 바울은 당시 초대 교회 전체가
로마제국의 박해의 위협에 처해 있는 상황에서 위정자(爲政者)들

을 위해 기도할 것을 명령한 것이다 (2절).

초대 교회 성도들은 로마제국의 박해로 인하여 생명의 위협과 생계의 곤란을 당했을 뿐만 아니라 순교까지 하게 되는 고난을 받게 되었다. 그럼에도 불구하고 바울이 그들을 위해 기도하라고 한 것은 먼저 원수까지 사랑하라고 하신 예수님의 가르침 (마 5:44)을 실천함으로써 궁극적으로 그 원수들도 회개함으로 구원을 얻도록 하라는 선교적인 목적에 따른 것이다 (3-7절).

나아가 바울이 그들을 위해 기도하라고 한 것은 위정자들의 핍박으로 인해 성도들이 안정된 신앙생활을 하는 데 지장을 받지 않도록 하기 위함이었다 (롬 13:1; 딛 3:1).

한편 바울이 공중예배 시 이 같은 중보기도를 하도록 명한 것은 당시 에베소 교회 성도들이 로마 정부의 박해로 인해 많은 두려움을 가지고 있었음을 나타낸다. 따라서 바울은 모든 성도들이 합심하여 이러한 중보기도를 함으로써 박해에 대한 두려움을 버리고 오직 신앙으로 하나 되어 담대한 신앙생활을 하도록 하게 한 것이다.

1) 기도의 우선순위 (2:1a)

바울은 이단 사설에 대해서 경계할 것을 강력히 촉구한 후에 교회에서 할 일 중에 가장 먼저 기도를 강조했다. 그리스도인들에게 있어서 기도생활은 무엇보다도 중요하다. 기도는 영적 호흡이라고 할 수 있다. 그러므로 기도하지 않는 성도는 죽은 성도나 마찬가지다. 더구나 목회의 성패는 기도에 달려 있다고 해도 과언이 아니다.

교회의 질서는 기도에 의해서 세워진다. 기도는 하나님의 말씀을 전하는 것에 못지않게 중요하다(행 6:4). 그럼에도 불구하고 오늘날 많은 목회자들이 하나님의 말씀을 준비하는 데는 많은 시간을 투자하면서 기도를 통하여 성령의 기름 부으심을 받는 데에는 소홀히 함으로써 능력 있는 목회를 하지 못하는 경우가 많다.

행 6:4

2) 기도의 종류 (2:1b)

(1) 간구 (δεήσεις; Supplication)
특별한 목표를 정해 놓고 간절히 드리는 기도하는 것을 말한다.

(2) 기도 (προσευχή; Prayer)
일반적인 모든 기도를 지칭한다.

(3) 도고 (ἐντεύξεις; Intercession)
다른 사람을 위해 기도하는 중보기도를 말한다.

(4) 감사 (εὐχαριστία; Thanksgiving)
하나님의 은혜에 감사하여 기도하는 것을 말한다.

3) 기도의 대상 (2:1, 2a)

기도의 대상은 구원받은 자들뿐 아니라 구원받지 못한 자들을 모두 포함하고 있다. 특별히 임금들과 높은 지위에 있는 사람을 위해 기도해야 하는데, 이는 고요하고 평안한 생활을 하기 위해서다. 임금을 비롯하여 높은 지위에 있는 자들은 하나님께서 세우신 자들이다(롬 13:1-3). 그러므로 그리스도인들은 그들이 국가와 사회를 바르게 이끌어 갈 수 있도록 기도해야 한다. 이들이 잘못되면 신앙생활을 하는 데 어려움이 따르기 때문이다.

4) 기도해야 하는 이유 (2:2-4)

(1) 평안한 중에 주를 섬기기 위해서다 (2절).

(2) 하나님께서 기도 받으시기를 원하시기 때문이다 (3절).

(3) 하나님은 모든 사람이 구원받으며 진리를 아는 데 이르기를 원하시기 때문이다 (4절).

5) 기도를 받으실 하나님 (2:5-7)

(1) 하나님은 한 분이시며 (2:5)

(2) 하나님과 사람 사이에 중보도 한 분이시며 (2:5)

(3) 그 중보자는 사람이신 그리스도이시고 (2:5)

(4) 그리스도는 자기를 대속물로 주셨다 (2:6).

(5) 바울은 이 진리를 증명하기 위해 전파하는 자와 사도로 세움을 입었을 뿐만 아니라 믿음과 진리 안에서 이방인의 스승이 되었다 (2:7).

* 모든 사람을 위하여 (2:6a)

  예수 그리스도의 속죄 사역의 효력이 영원하며 부족함이 없음을
의미한다. 그러나 예수 그리스도의 대속 사역은 예수 그리스도를 구
주로 믿고 그 보혈의 공로를 의지하는 자들에게만 효력이 미친다.

롬 10:9-13

* 대속물 (ἀντιλυτρος; Ransom; 2:6b)

  '속전' (贖錢)이라고도 하는데, '대신 물어 주는 몸값'이란 뜻으로
하나님께서 자기 백성의 죗값을 대속하신 방법을 나타낸다. 즉, 부
채(負債)로 인해 팔려 간 노예를 대신하여 부채를 갚아 주고 그 노
예를 해방시켜 주는 것을 의미한다. 마찬가지로 예수 그리스도의
대속적 죽음이 죄와 사망의 올무에 빠져 있던 죄인들을 그 올무에
서 해방시켜 주셨다(롬 5:8-21).

롬 5:8

롬 8:2

* 디모데전서 2:6은 '무제한 속죄설'(unlimited atonement)을 의미
하는 것은 아니다. 왜냐하면 예수님의 대속 사역은 예수님을 구주
로 믿는 자들에게만 효력이 미치기 때문이다(롬 10:9-13).

① 알미니안주의에서는 '예수님의 죽음은 모든 사람을 위한 것'
이라고 주장한다(무제한 속죄설).

② 칼빈주의에서는 '예수님의 죽음은 성도(양)들만 위한 것'이라
고 주장한다(제한 속죄설).

요 10:11-16

2. 남녀 성도에 관한 교훈 (2:8-15)

1) 남자들의 바른 기도 자세 (2:8)

기도의 책임이 남자들에게 주어졌던 것은 '회당'을 배경으로 세
워진 초대 교회 상황에서는 자연스러운 일이었다. 그 당시에는 기
도가 목회자나 지도자의 독점적 권한이 아니었으며 모든 남자들이
예배 모임 시 기도할 자유를 가지고 있었다. 한편 초대 교회에서는
예배 시 회중의 참여가 커다란 영적 중요성을 지녔다(고전 12:4-
11; 14:26-33).

바울은 에베소 교회의 남자들이 각처에서 분노와 다툼이 없이
거룩한 손을 들어 기도하기를 소원했다. 여기서 '각처'란 '모든 교

회’를 말하며 ‘거룩한’이란 말은 부당한 행위로 말미암아 더럽혀진
손을 가진 경배자는 하나님께 나아가 기도하기 전에 먼저 깨끗함
을 받아야 한다는 사상에서 나왔다 (마 5:23, 24; 6:14).

사 59:1-2

마 5:23-24

또한 ‘거룩한 손’이란 손을 씻던 의식에서 비롯된 말로서 전혀 흠
이 없고 시비와 다툼이 없는 사람을 가리킨다. 따라서 분노와 다툼
이 없이 거룩한 손을 들어 기도하라고 한 것은 누구든지 자기 형제
들과 화목할 때에만 기도의 응답을 받는다는 사실을 강조한 것이다.

마 6:14

예수님께서도 인간과 인간 사이의 평화가 하나님께 기도하고 경
배하는 일에 앞서 선행되어야 한다는 점에서 “예물을 제단에 드리
려다가 거기서 네 형제에게 원망들을 만한 일이 있는 것이 생각나

거든 예물을 제단 앞에 두고 먼저 가서 형제와 화목하고 그 후에 와서 예물을 드리라"(마 5:23-24)고 말씀하셨다.

그러므로 성도들은 다른 사람을 해치고 자기만 살겠다는 이기적인 행동과 생각을 버리고 거룩하신 하나님 앞에서 경건한 삶을 살기 위해 힘써야 한다. 그렇게 할 때 우리는 하나님과 온전히 교제할 수 있을 뿐 아니라 우리의 기도가 응답받게 된다.

마 5:8

진실한 기도, 능력 있는 기도, 응답받는 기도는 나와 하나님과의 올바른 관계는 물론 이웃과의 올바른 관계가 정립될 때 비로소 가능하다.

막 11:24-25

롬 5:5

2) 교회 안에서의 여성의 지위와 역할

(1) 여성들의 바른 몸가짐 (2:9-10)

바울 당시의 여자들은 내면의 아름다움보다는 외적인 치장에 더 많은 신경을 썼던 것 같다. 그래서 예배에 참석할 때에도 자신의 영적인 상태에 관해서는 관심이 없고, 남들에게 자기를 과시하기 위해 머리를 손질한다든지 몸을 보석으로 치장하는 일에 더 신경을 쓴 것으로 보인다.

이처럼 사치하는 일에 눈이 어두워 있는 여인들을 향하여 바울은 '단정하게 옷을 입으며 소박함과 정절'로 단장하라고 권면하였다. 여기서 '정절'이란 모든 불순한 욕정과 욕심을 버리고 항상 깨끗하고 순수함을 지니는 것을 의미한다. 또한 '선행'이란 그리스도인 여인이 지닐 수 있는 최대의 장식품으로서 공동체 전체를 기쁘게 하며 존경과 사랑을 받기에 합당한 '자선 행위'를 의미한다.

여성의 진정한 아름다움은 외적인 화려함에 있는 것이 아니다. 하나님을 경외하며 그분의 말씀에 관심을 기울이는 여인이라면 적어도 자신의 외모 이상으로 자신의 내면을 영적, 도덕적으로 가꾸는 일에 더 신경을 쓸 것이다(잠 31:10-31).

잠 31:10-12, 30

(2) 여성들의 금지사항 (2:11-15)

당시 헬라 지역의 도시에는 지위가 높은 여자가 많이 있었는데 그들 중 일부가 그리스도인이 되어 교회에서도 막강한 영향력을 행사했기 때문에 (행 16:13-15; 17:12) 교회의 질서를 혼란하게 하는 등 그 피해가 적지 않았던 것 같다.

행 16:13-15

그러므로 바울은 교회의 질서를 바로잡기 위해 여자의 가르치는 것과 남자를 주관하는 것을 금지하였다. 이러한 규제는 고린도 교회에서도 발견할 수 있는데, 바울은 고린도 교회 성도들에게 보내는 편지에서 여자는 남자의 권위 아래 있다는 사실을 머리에 수건을 씀으로써 표시하라고 당부했다 (고전 11:2-16).

고전 11:2-5

그러나 이러한 가르침은 남존여비 사상을 말한 것이 아니다. 즉, 남자의 권위를 절대시한다거나 여자는 인격체가 아니라는 말이 아니고 하나님께서 제정하신 창조질서를 재천명 (再闡明)한 것이며 (13절) 각각의 기능의 차이를 언급한 것이다.

딤전 2:13

또한 바울은 창세기 3:1-6을 근거로 여자들이 가르치는 일과 남자를 주관하는 일을 하지 말아야 한다고 가르쳤다. 그 이유는 아담이 하와보다 먼저 지음을 받았기 때문이라는 것이다. 그러나 이는 창조질서의 순서에 의한 것이지 남자가 여자보다 인격적으로 우월하다는 뜻은 아니다.

창 2:18

* **교회 안에서의 여성의 지위와 역할**

① 초대 교회 당시 일반 여성의 사회적 지위

유대와 헬라의 문화적 배경과 깊게 연관되어 있었던 당시 여성들의 사회적 지위는 한마디로 말하자면 비천했다고 말할 수 있다. 예를 들면 유대인 남자들은 아침에 기도할 때 자신이 여자로 태어나지 않은 것을 하나님께 감사했다고 한다. 뿐만 아니라 당시 여자들에게는 일체의 교육을 시키지 않았고 여자는 한낱 남편의 소유물에 불과한 것으로 이해하였다. 이러한 억압 상태에서 여성들의 관심은 자연히 귀금속 등을 이용하여 겉치레를 하는 데 쏠릴 수밖에 없었다.

② 초대 교회 내에서의 여성의 지위

당시 복음이 전파됨으로 말미암아 교회가 설립되자, 여자들도 남자들과 동등한 자리에 앉아서 진리를 배울 수 있게 되었을 뿐 아니라 성령의 은사를 따라 각종 행사와 활동에 참여할 수 있게 되었다(고전 11:1-6).

그러나 이러한 여자들의 급격한 활동은 엄격한 가부장제에 익숙해 있던 유대인들로부터 비난을 받거나 심지어 교회 내 질서를 혼란하게 하는 결과를 초래하기도 했다. 사도 바울이 여성의 활동에 대해 공적 예배를 중심으로 일단의 제동을 건 이유도 바로 여기에 있었다.

고전 14:34

③ 바람직한 현대 여성도의 역할

하나님께서는 남녀를 평등한 존재로 창조하셨으며, 남녀 간에 분명한 질서와 순서와 기능 분담도 해 주셨다는 사실을 동시에 이해할 필요가 있다(고전 11:1-16; 14:34-36).

루터(Martin Luther)는 남녀의 문제를 성삼위 일체와 비교하였다. 즉, 삼위는 각각 본질상 같은 권위의 하나님이시지만 그 사역에 따라 권위의 순서가 있듯이 남녀도 본질상 평등하나 창조 순서와 기능의 순서가 있다는 것이다.

한편 바울이 교회 내에서의 여성의 지위를 강력히 제한한 것은 당시의 문화적 배경에서 기인했다. 따라서 현대 여성도들은 하나님의 창조질서에 따라 여성에게 주어진 여러 가지 역할을 교회 안에서 적극적으로 행해야 한다.

그러나 시대가 변했다고 창조 질서마저 변한 것은 아니다. 그러므로 여성도들은 각자가 처한 상황에서 자신의 능력과 역할을 잘 조화함으로써 교회의 질서와 사회의 덕(德)을 해치지 않는 범위 내에서 자아를 개발하고 주님의 사역에 참여하는 것이 바람직하다. 예컨대 결혼한 여인으로서 가정 일은 잘 돌보지 않고 무분별하게 교회 활동에만 전념한다면 그것은 오히려 교회의 덕을 해치는 문제가 될 수 있다.

3. 감독의 자격 (3:1-7)

1) 감독이란?

감독(επισκοπος)이란 말은 'επι'(위)라는 말과 'σκοπος'(보는 자, 돌보는 자)라는 말의 합성어로서 '위에서 돌보는 자'라는 뜻이며, 영어로는 'overseer'이다. 신약성경에 9번(딤전 3:1, 2; 눅 19:44; 행 1:20; 20:28; 빌 1:1; 딛 1:7; 벧전 2:12, 25) 나오는데, 장로와 동의어로 사용되었다(행 20:17, 28; 딛 1:5, 7 참조).

딤전 3:1-2

딛 1:5

행 20:17

행 20:28

초대 교회에서 장로는 말씀 선포를 전담한 '가르치는 장로'와 봉사 기능을 전담한 '다스리는 장로'가 있었다. 그런데 사도 시대 이후 교회 직제가 발달하면서 점차 감독직을 장로직과 구분하여 사용하기 시작했다.

(1) 가르치는 장로

초대 교회 당시 초창기에는 사도와 선지자, 전도자 등이 가르치는 직무를 맡았었다. 그러나 점차 시간이 지나면서 직분자들이 사라져 가자 장로들이 가르치는 일도 맡게 되었다.

＊ 선지자

행 13:1

행 15:32

행 21:10

＊ 전도자

요삼 1:5-8

　더욱이 그리스도의 산 증인들이었던 사도들이 하나 둘씩 세상을 떠나는 반면, 교회 내에서 점차 이단 세력이 일어나게 되자 그에 대항하여 사도들의 교훈을 수호하며 옹호할 필요성이 대두되었다. 따라서 장로들 중에 특히 가르치는 은사를 받은 자들을 다시 구별하여 세워 말씀을 연구하고 가르치는 일에 전념하도록 했던 것이다.

한편 이 가르치는 장로는 일명 '목사'(Pastor)로도 불렸다(엡 4:11). 오늘날의 교회에서 장로와 집사와 함께 통상 직분 중의 하나로 존속하고 있는 목사 직분은 물론 현대 교회에 이르러 그 직무가 더욱 다변화되이 본래의 말씀을 중심으로 성도를 양육시키는 직무 이외에도 교회의 각종 직무의 통합 조정자, 그리고 그 대표자로서의 기능까지 가진 직분이 되었으나 근본적으로는 가르치는 직무를 가진 장로의 직분에서 비롯된 것이다. 또한 이들은 오늘날 말씀을 선포하고 가르치는 목사와 같으며, 광의적으로는 소명을 받은 교역자를 모두 포함하는 말이다.

엡 4:11

---

(2) 다스리는 장로

교회가 점점 수적으로 증가함에 따라 사도들만으로는 교회를 효율적으로 다스릴 수 없게 되자 장로를 세워 다스리는 직무를 맡기게 되었다. 이들은 전적으로 교회에서 헌신적으로 다스리는 일에 충성하는 자들을 말하는데, 세상의 직장을 갖지 않고 교회에 몸담고 일을 하면서 교회에서 생활비를 받으며 치리하는 일을 하는 장로도 포함될 수 있다.

2) 감독의 자격

(1) 소극적인 측면
　　① 책망할 것이 없어야 한다.
　　② 술을 즐기지 않아야 한다.
　　③ 구타하지 않아야 한다.
　　④ 다투지 않아야 한다.
　　⑤ 돈을 사랑하지 않아야 한다.
　　⑥ 새로 입교한 사람이 아니어야 한다.

(2) 적극적인 측면
　　① 한 아내의 남편이어야 한다.
　　② 절제해야 한다.
　　③ 신중해야 한다.
　　④ 단정해야 한다.
　　⑤ 나그네를 대접해야 한다.
　　⑥ 가르치기를 잘해야 한다.
　　⑦ 관용해야 한다.
　　⑧ 자기 집을 잘 다스려야 한다.
　　⑨ 외인에게서도 선한 증거를 얻어야 한다.

4. 집사의 자격 (3:8-13)

1) 집사란?

'집사'(διάχονος)란 원래 '종' 또는 '시중 드는 사람'을 가리키는 말이었다. 그런데 집사(deacon) 제도가 초대 교회 안에 정착되면서 '섬기는 자', '봉사하는 자'라는 의미로 발전하게 되었다. 따라서 이들은 감독과 다른 일들을 맡아보았는데, 곧 교회의 감독과 장로들을 보좌하는 일을 주무(主務)로 하였고(행 6:1-7; 빌 1:1), 특별히 교인들 중에 가난한 자들을 구제하는 일에 힘썼다.

집사가 초대 교회의 직분으로 자리 잡게 된 최초의 동기는 구제 사업을 원활히 하기 위해서였다(행 6:1). 즉, 교회가 부흥하여 사도들이 많은 일을 감당할 수 없을 뿐만 아니라 자신들의 고유 업무인 말씀 전하는 것과 기도에 힘쓰는 일에 소홀해질 수밖에 없게 되자 사도들을 대신해서 교회의 잡무를 치리해 줄 봉사자로 세움을 입은 자들이 집사들이다.

집사들은 하나님 앞에서 거룩한 교회의 일을 해야 하는 만큼 아무나 뽑을 수가 없었다. 그래서 믿음과 성령과 지혜가 충만하여 칭찬 듣는 자를 일곱 명 선택해서 집사의 직분을 주었다. 집사들 중에는 빌립과 스데반처럼 충성스러운 전도자도 있었다(행 8:12-17).

행 6:1-4

2) 집사의 자격

(1) 단정해야 한다.

(2) 일구이언(一口二言)을 하지 않아야 한다.

(3) 술에 인 박이지 않아야 한다.

(4) 더러운 이를 탐하지 않아야 한다.

(5) 깨끗한 양심을 가져야 한다.

(6) 믿음의 비밀을 가진 자라야 한다.

(7) 시험하여 본 후 책망할 것이 없어야 한다.

(8) 경건한 가정생활을 해야 한다.

* 여자들이란? (3:11)

여자 집사들을 말하는데(로마서 16:1의 겐그리아 교회의 일꾼 뵈뵈자매는 여자 집사였을 것으로 보인다), 이들에 대해 네 가지로 자격 기준을 제시하고 있다.

(1) 정숙해야 한다. 이는 경솔하지 말아야 함을 의미한다. 즉, 하나님을 두려워함에서 나온 신중성을 가리킨다.

(2) 모함하지 말아야 한다. 여기서 '모함하다'(διαβολος)라는 말은 '사탄'이란 의미도 지니고 있다. 그러므로 모함하지 말라는 것은 참소하지 말라는 것으로 사탄 짓을 하지 말라는 의미이다.

(3) 절제해야 한다.

(4) 모든 일에 충성되어야 한다. 여기서 '충성'은 '신실함'을 의미한다.

3) 집사직을 충실히 행한 자들에 대한 보상 (3:13)

(1) 아름다운 지위를 얻는다 (외적이고 객관적인 보상).

① 장로나 감독이 되는 것을 의미한다.

② 교회 내에서 높은 평판을 얻는 것을 의미한다.

③ 자신의 믿음이 성장하게 되는 것을 의미한다.

④ 최후의 심판 때 보상을 받는 것을 의미한다.

이 네 가지 의미를 다 포함하고 있지만, 특히 두 번째와 세 번째 내용을 의미한다.

(2) 믿음의 큰 담력을 얻는다 (내적이고 영적인 축복).

이는 맡은 바 직분을 잘 감당함으로, 복음을 증거하고 수호하는 데 담대한 것을 의미한다.

목회서신에 나타난 장로와 집사의 자질

	자질	장로	집사	관련 성구
1	책망할 것이 없어야 함	★		딤전 3:2; 딛 1:6, 7
2	한 아내의 남편이어야 함	★	★	딤전 3:2, 12; 딛 1:6
3	절제해야 함	★		딤전 3:2; 딛 1:8
4	신중해야 함	★		딤전 3:2; 딛 1:8
5	단정해야 함	★	★	딤전 3:2, 8
6	나그네를 대접해야 함	★		딤전 3:2; 딛 1:8
7	가르치기를 잘해야 함	★		딤전 3:2; 5:17; 딛 1:9
8	술을 즐기지 않아야 함	★	★	딤전 3:3, 8; 딛 1:7
9	구타하지 않아야 함	★		딤전 3:3; 딛 1:7
10	관용해야 함	★		딤전 3:3
11	다투지 않아야 함	★		딤전 3:3; 딛 1:7

12	돈을 사랑하지 않아야 함	★		딤전 3:3
13	자기 집을 잘 다스려야 함	★	★	딤전 3:4, 12
14	새로 입교한 자가 아니어야 함	★		딤전 3:6
15	외인에게 선한 증거를 얻어야 함	★		딤전 3:7
16	더러운 이를 탐하지 않아야 함	★	★	딤전 3:8; 딛 1:7
17	깨끗한 양심을 가져야 함		★	딤전 3:9
18	믿음의 비밀을 가져야 함		★	딤전 3:9
19	일구이언을 하지 않아야 함		★	딤전 3:8
20	자녀들을 믿음으로 양육해야 함	★	★	딤전 3:4, 12; 딛 1:6
21	고집대로 하지 않아야 함	★		딛 1:7
22	급히 분 내지 않아야 함	★		딛 1:7
23	선행을 좋아해야 함	★		딛 1:8
24	의로우며 거룩하며 절제해야 함	★		딛 1:8

5. 본서를 기록한 목적과 경건의 비밀 (3:14-16)

1) 본서를 기록한 목적 (3:14)

당시 바울은 로마 감옥에서 일차 풀려나 소아시아 지방을 돌아보고 있었다. 그러던 중 에베소에서 디모데와 합류한 바울은 에베소 교회의 여러 문제에 대처할 필요성을 느껴 디모데를 그곳에 남아 있게 하였다. 그리고 자신은 빌립보 교회를 방문하겠다고 한 일전(日前)의 자신의 약속(빌 2:24)을 지키기 위하여 마게도냐로 여행하였다(딤전 1:3-4).

바울은 그곳에서 속히 볼일을 마친 후 다시 에베소로 돌아가 디모데를 만나보려 하였다. 그러나 바울은 여러 가지 사정으로 여행이 지체될 것 같자 우선 편지를 보내 디모데에게 목회할 때 필요한 중요한 사항들을 지시했다. 그러면서 교회의 중요성을 다시 한 번 일깨워 주고 있다.

빌 2:19–24

딤전 1:3–4

(1) 살아계신 하나님의 교회 (3:15)

교회는 살아계신 하나님께서 세우시고 다스리신다. 다른 모든 종교는 존재하지 않는 신(神) 즉, '죽은 신'을 섬기고 있을 뿐이다.

사 2:6–9

(2) 진리의 기둥과 터 (3:15)

교회는 진리를 지탱하여 주는 기둥이요 진리를 받쳐 주는 터이며, 이 진리는 바로 예수님이시다. 진리가 없는 교회나 진리를 수호하고 지탱해 주지 못하는 교회는 더 이상 교회가 아니다. 교회는

충성스러운 교인들의 삶을 통하여 진리이신 예수 그리스도를 드러
내야 한다.

요 14:6

요 8:32

2) 경건의 비밀 (3:16)

‘경건의 비밀’이란 예수 그리스도를 의미한다. 한편 본 절은 예
수 그리스도에 대한 신앙 고백이며 초대 교회 그리스도론의 극치
로서, 본 절 속에 예수 그리스도의 모든 사역이 포함되어 있다. 교
회에서 증명해야 하는 주된 진리는 예수 그리스도의 인격과 사역
이다. 그래서 교회에 대해 언급한 후에 곧바로 경건의 비밀인 예수
그리스도에 관한 것에 대해서 언급하고 있다. 목회자들의 사명은
바로 경건의 비밀을 온 세상에 전파하는 것이다.

Ⅲ. 목회자의 자세와 직무에 관한 교훈 (4:1-16)

1. 이단사설에 대한 경계 (4:1-5)

이단에 대한 경계는 본서의 핵심적인 주제의 하나로, 여러 곳에서 강조되고 있다 (1:3-11; 6:3-5).

딤전 1:3-11

딤전 6:3-5

한편 디모데전서 1:3-11에서는 이단에 대한 신학원리적인 측면에서 경계한 데 반해, 디모데전서 4:1-5에서는 이단의 잘못된 가르침들 중 혼인과 식물을 금하는 금욕주의에 미혹되지 않도록 교훈하고 있다. 이 금욕주의자들의 가르침은 영지주의와 유대교의 한 분파인 엣세네파의 극단적 금욕주의가 혼합된 것으로서, 이들은 영혼은 선하고 물질은 악하다는 주장에 근거해 결혼 무용론과 함께 육식과 음주를 철저히 배격하였다. 특히 엣세네파는 금욕주의를 성결과 동일시하여 모든 육체적 쾌락을 죄로 규정하였다. 한편 본문에 나타난 이단의 성격은 다음과 같다.

1) 믿음에서 떠남 (4:1)

믿음은 말씀과 기도로 성장한다 (롬 10:17). 마가복음 9:14-29에서 믿음과 기도가 긴밀한 관계에 있음을 시사한다 (마가복음 9장 23절과 29절 대조). 그러므로 말씀과 기도를 멀리하면 믿음을 소멸하게 되며, 믿음이 사라지면 악령과 귀신의 가르침에 솔깃하게 된다. 우리 주위에 많은 이단자들이 처음부터 이단이었던 자는 많지 않다. 말씀과 기도를 멀리하고 악령과 귀신에게 미혹되어 이단이 된 자들이 대부분이다.

딤전 4:1

____

____

* 믿음은 말씀과 기도로 성장한다.

롬 10:17

____

____

2) 미혹하는 영과 귀신의 가르침을 따름 (4:1b)

3) 양심이 화인을 맞아서 외식함으로 거짓말을 함 (4:2)

이는 믿음에서 떠나 사탄의 가르침을 좇은 결과 나타나는 현상이다. 한편 양심이 화인을 맞았다는 것은 선한 양심 (1:5)이나 착한 양심 (1:19)과 대조를 이루는 말이다. 착한 양심은 성령에 의해 인(印) 쳐진 양심인 데 반해, 화인 맞은 양심은 악령에 의해서 인 쳐진 양심이다. 그러므로 화인 맞은 양심은 성령님의 음성을 듣지 못하고 악령의 소리만 듣게 되어 자연히 외식하며 거짓말을 하게 된다. 또한 그런 짓을 하는 것에 대해서 전혀 죄책감을 느끼지 않는다.

4) 혼인을 금하고 식물을 폐함 (4:3)

금욕주의는 원래 유대교의 한 분파인 엣세네파 (Essenes)에서 주장한 사상으로서, 이들은 B.C. 2세기 이후에 생겨났는데 팔레스틴의 사해 연안 지대에 살면서 엄격한 금욕주의를 장려하였다. 즉, 이들은 공동 소유를 포함한 공동생활을 영위하였으며 음주(飮酒)와 육식(肉食)을 금지하였다.

이러한 엣세네파의 금욕주의(禁慾主義)가 영지주의(Gnosticism)와 혼합되어 본 절과 같은 이단사상을 형성한 것이다. 이들의 이 같은 주장은 정신은 선하고 물질, 즉 육은 악하다는 생각과 육신의 욕망을 제어함으로 보다 고결한 삶을 살고자 하는 목적에서 생겨난 것이다.

영지주의자들의 이원론적 사고방식은 금욕과 방종의 두 가지 삶의 방식을 만들어 냈다. 첫째로, 육체는 악하다는 사고(思考)에서 육체의 일은 무조건 금지하는 삶의 방식이 나오게 되었고 (금욕주의), 둘째로, 육체와 영을 분리해서 서로 영향력을 미칠 수 없다고 하는 사고에서 육체적인 방종으로 흐르게 하는 삶의 형태가 나오게 되었다. 그러나 이들의 주장은 하나님의 창조질서에 위배된 것이며, 성도가 그리스도 안에서 누리는 자유의 가치를 깨닫지 못한 데서 나온 것이다 (창 1:10; 골 2:6, 23).

창 1:10

골 2:6

갈 5:1

'혼인제도'는 하나님께서 인간을 위해 세우신 제도이며 (창 2:18-25), 특정한 식물을 폐하게 한 것은 율법의 규정이긴 하지만 (레 11장), 예수님께서 이미 율법을 완전하게 하셨다. 따라서 음식이 사람을 부정하게 만들지 못한다 (마 15:11).

마 5:17

마 15:11

하나님께서 지으신 모든 물질은 선하다. 문제는 그 물건을 대하는 사람의 마음 자세이다. 동일한 물질이라도 그것을 대하는 사람의 마음 자세에 따라서 달라진다. 모든 것을 감사함으로 받으면 버릴 것이 없으며, 하나님의 말씀과 기도로 얼마든지 거룩해질 수 있다.

행 10:9-15

그러나 아무리 좋은 것이라도 악한 마음으로 받게 될 때에는 악한 것이 된다. 결국 어떤 물질이 선하냐 악하냐 하는 것은 인간이 그 물질을 어떻게 관리하고 사용하는가에 따라 좌우된다. 따라서 그리스도인들은 금욕주의에 얽매이지 말고 하나님께서 지으신 창조질서 안에서 모든 것을 합당하게 취하되 '먹든지 마시든지 무엇을 하든지 다 하나님의 영광을 위하여' (고전 10:31) 해야 한다.

2. 참된 목회자의 자세 (4:6-11)

1) 사람들을 깨우쳐야 한다 (4:6, 11).

여기서 '깨우치면'(ὑποτιθέμενος)이란 말은 어떤 명령을 내린다기보다는 '충고하다', '권고하다', '제의하다'라는 의미이다. 즉, 강압적으로 어떤 지식을 주입시키기보다 사람들이 알고 있는 진리의 말씀을 기억시키고, 성경에 입각한 바른 교훈을 제시하여 스스로 깨닫도록 하는 것을 뜻한다.

2) 망령되고 허탄한 신화를 버리고 경건에 이르도록 힘써야 한다 (4:7-8)

'망령되고 허탄한 신화'란 '신화와 끝없는 족보'(딤전 1:4)와 같은 말로서, 영지주의의 영향을 받은 거짓된 교훈을 말한다. 한편 경건이란 하나님과의 긴밀한 관계를 유지하는 것을 말하는데, '영적 훈련', '영성훈련'이라고도 할 수 있다. 그러므로 육체의 연습과 대조되는 말이다.

육체의 연습은 육체를 건강하고 아름답게 해 주는 유익이 있다. 그러나 이는 오직 금생에서만 어느 정도 유익하다. 반면에 경건은 속사람이 하나님을 닮아 가도록 하는 것으로, 범사에 유익하고 금생에서도 복을 받고 내생에서도 영생천국과 상급을 받게 되는 유익이 있다. 한편 경건에 힘쓰는 자들은 반드시 살아계신 하나님께 소망을 두게 되어 있다. 따라서 살아계신 하나님께 대한 소망이 없는 사람은 경건에 힘쓰는 자들이 아니며, 그런 자들은 경건훈련을 온전히 할 수 없다.

3. 바울의 개인적인 권면 (4:12-16)

1) 연소함을 업신여기지 못하게 하라 (4:12)

'연소함'이란 어린이나 청소년을 가리키는 말이 아니라 약 20∼
40세 정도의 사람들에게 적용되는 말로서, 경험과 연륜이 부족한
것을 강조한 말이다. 한편 이때 디모데는 30대 중반(38∼40세) 정
도 되었을 것이므로, 그가 나이 많은 장로들과 교인들 틈에서 지도
자 역할을 하면서 연소함에 업신여김을 받을 수도 있었다.

그러나 교회 지도자가 연소하다는 이유 때문에 교인들로부터 업
신여김을 당한다면 제대로 사역할 수 없다. 그러므로 디모데가 업
신여김을 받지 않기 위해서는 모든 일에 모범을 보여 온 교회의 본
이 되어야 했던 것이다.

2) 말과 행실과 사랑과 믿음과 정절에 대하여 믿는 자에게 본이
되라 (4:12)

목회자는 성도들에게 말과 행실 즉, 언행일치에 모범이 되어야
하며(약 3:2; 요일 3:18), 사랑과 믿음과 정절에 대해서도 본이 되
어야 한다.

3) 읽는 것과 권하는 것과 가르치는 것에 전념하라 (4:13)

(1) 읽는 것

개인적으로 성경을 읽는 것뿐 아니라 회중 앞에서 성경을 낭독하는 것을 말한다. 초대 교회는 유대교의 회당에서 행해져 왔던 성경 낭독의 전통을 그대로 이어받아 예배 의식의 기본으로 삼았다. 그때 읽은 책들은 구약성경과 각 권에 따라 기록이 완료된 신약성경들이었을 것이다. 예를 들어 디모데전서가 기록되기 전에 이미 기록 완료된 신약성경으로는 데살로니가전·후서와 고린도전·후서, 로마서 그리고 사도행전 등이 있다.

(2) 권하는 것과 가르치는 것

사람들이 단순히 성경 말씀을 읽고 듣는 것만으로 끝나서는 아무런 의미가 없으므로, 그들이 성경의 진리를 바로 알고 바로 믿으며 그 진리에 입각해 바로 살 수 있도록 지도할 의무가 목회자에게 있다는 것이다.

4) 성령께로부터 받은 은사를 소중히 활용하라 (4:14)

디모데가 '장로의 회'에서 안수받을 때 누군가가 디모데가 받은 은사를 말했을 것이다. 따라서 바울은 그때 일을 상기시키면서 은사를 소홀히 취급하여 소멸하는 일이 없도록 하라고 권하고 있는 것이다.

5) 전심전력하여 성숙함을 나타나게 하라 (4:15)

바울이 앞에서 언급한 목회자로서 해야 할 모든 사역에 전심전력함으로써 성장하는 모습을 보이라는 것이다.

6) 구원을 이루는 목회자가 되라 (4:16)

목회자가 자신의 본분을 힘써 행하면 자신도 구원받고 그의 가르침과 권면을 받는 교인도 구원에 이르게 된다. 그러나 목회자가 잘못되면 많은 생명을 죽일 수 있다. 양들은 목자의 음성을 듣고 목자를 따르기 때문에 목회자가 잘못되어 양들을 제대로 인도하지 못할 때에는 양들에게 상처를 입히고 그들의 생명까지 파멸로 이끌 수 있는 것이다.

그러므로 목회자는 자기 자신을 온전히 세우기에 힘쓰고 또 잘 가르쳐야 한다. 그럴 때 그 목회자를 통해서 많은 사람들이 구원을 얻게 된다.

Ⅳ. 교회 각층의 성도들에 관한 교훈 (5:1-6:2)

1. 남녀노소에 대하여 (5:1-2)

바울은 디모데에게 교회 안에 있는 남녀노소 모든 성도에게 가족처럼 대하라고 조언한다. 이는 교회가 일부 한정된 계층의 모임이 아니라 남녀노소가 함께 모여 있는 공동체이기 때문이다.

그러므로 연로한 남자들에게는 아버지께 대하듯 해야 하며 (출 20:12; 레 19:32), 늙은 여자들에게는 '신앙의 어머니'처럼 생각하고 따뜻하게 대해야 한다.

또한 젊은이에게는 형제에게 하듯 하고, 젊은 여자에게는 온전히 깨끗함으로 자매에게 하듯 해야 한다. 그리스도인들은 모든 사람들을 자신의 가족처럼 생각하고 대해 주는 삶을 살아야 한다.

2. 과부들에 대하여 (5:3-16)

1) 참과부 (5:5-6, 9)

(1) 부양해 줄 가족이 없는 외로운 자
(2) 하나님께 소망을 두고 기도하는 자
(3) 향락을 멀리하는 자
(4) 60세 이상으로 한 남편의 아내였던 자

교회에서는 이들을 존경하며 경제적인 원조도 아끼지 말아야 한다. 구약성경에서는 과부를 억울하게 하지 말라고 가르치고 있는데 (신 10:18; 24:17; 시 68:5), 특별히 출애굽기 22:23은 하나님께서 그들의 보호자가 되신다고 기록하고 있다. 또한 이사야 1:17에는 과부에 대한 배려가 곧 하나님을 향한 봉사와 동일하게 취급되고 있다.

신 10:18

시 68:5

출 22:23

사 1:17

　한편 신약성경에도 과부에 대한 관심이 잘 나타나 있다. 예수님은 과부에 대한 사랑을 아끼지 않으셨다(막 12:42; 눅 7:11-17; 18:3, 5). 더욱이 초대 교회 안에 집사 제도가 생기게 된 중요한 원인으로서 과부를 보살피는 일을 들 수 있다(행 6:1-6). 그런데 초대 교회 안에서는 과부와 외로운 자들을 돕는 일로 인해 많은 문제가 발생하여 물의를 일으켰으므로(행 6:1-4) 교회는 진정으로 도움이 필요한 '과부'에 대한 규정을 정할 필요가 있었다.

2) 자녀가 있는 과부 (5:4)

혈혈단신(孑孑單身)이 아니라 자녀나 손자가 있는 과부의 집에서는 자손들이 과부 된 어머니나 할머니를 잘 봉양하여 교회나 사회의 부담이 되지 않도록 해야 한다.

3) 젊은 과부 (5:12-14)

젊은 과부들은 60세 이하의 사람으로서 재혼할 가능성이 있기 때문에 구제가 요구되는 과부의 명부에 올리지 말아야 한다. 당시 젊은 과부들은 교회의 인정을 받아 평생 헌신할 것이라고 서원하고(12절), 교회의 구제 대상이 되었다가도 결혼할 기회가 생기면 서원한 것을 파기(破棄)하고 결혼해 버리는 경우가 많았던 것 같다. 물론 재혼 자체는 죄가 아니지만 재혼을 빙자하여 하나님께 대한 서원을 이행하지 않고 자신이 맡은 바 직분을 외면하는 것은 주님께 대한 사랑과 헌신을 저버리는 것이다.

또한 젊은 과부들은 집집이 다니면서 남의 이야기를 옮기며 쓸데없는 말을 하여 교회 내에 문젯거리를 만들 수도 있다(13절). 그래서 바울은 이런 젊은 과부들에게는 가능하면 재혼하여 새로운 가정을 이루라고 권한다(14절). 그렇게 하는 것이 자신뿐 아니라 교회적으로도 안정을 찾을 수 있는 방법이기 때문이다.

이처럼 교회는 교회 안에서 문제를 일으키는 자들에 대해 비난만 할 것이 아니라 그들이 평안하게 신앙생활을 할 수 있도록 여러 가지 여건을 조성해 주는 적극적인 자세를 가져야 한다.

3. 장로들에 대하여 (5:17-20)

초대 교회 당시 장로는 두 가지로 구분되는데 먼저, '치리 장로(Ruling Elder)는 교회의 조직과 행정과 성도들의 치리 문제를 담당하는 자이다. 그리고 '가르치는 장로' (Teaching Elder)는 하나님의 말씀을 선포하고 가르치는 역할을 하는 자로서 초기에는 '감독'으로 불리다가 오늘날에는 '목사'라는 명칭으로 바뀌었다.

1) 교회는 장로들의 역할을 존경해야 한다 (5:17)

장로들은 교회에서 '다스리는 역할'을 하기 때문에 성도들은 그들을 존중해야 한다 (17절). 장로들의 치리를 통해서 그리스도의 몸 된 교회가 교회답게 존재하게 되고, 또 그 기능을 잘 발휘할 수 있기 때문이다. 그러므로 성도들은 잘 다스리는 장로들을 배나 존경해야 한다.

뿐만 아니라 가르치는 장로들을 더욱 존경해야 하는데, 이는 하나님의 말씀을 가르치는 사역이 그만큼 중요하기 때문이다. 가르침의 사역은 사람들을 사망에서 생명으로 옮기게 하는 사역이다. 그래서 바울은 다스리는 장로는 물론이고 가르치는 장로를 더욱 존경하라고 명령하고 있는 것이다.

2) 교회는 장로들의 생활을 책임져야 한다 (5:18)

이는 신명기 25:4의 "곡식을 떠는 소의 입에 망을 씌우지 말라"는 명령과 레위기 19:13과 누가복음 10:7에 나타난 "일꾼이 그 삯을 받는 것이 마땅하다"는 명령에 근거한 것이다. 바울 자신은 사례받는 것을 거절했지만, 복음을 가르치고 전하는 자들의 생활을 교회가 책임지는 것이 성경적 원리임을 고린도전서 9장과 본문에서 거듭 밝히고 있다.

이 성경적 원리는 하나님께서 모든 시대에 하나님의 사역을 위해 전적으로 시간을 하나님께 드리는 사역자를 세우시는 것에서 시작된다. 따라서 복음을 위해 헌신하는 사람들의 생활은 다른 수단이나 방법에 의해서가 아니라 복음으로 해결되는 것이 타당하다.

3) 교회는 장로들의 명예를 지켜 주어야 한다 (5:19-20)

장로는 교인을 치리하는 지위에 있으나 자신이 죄를 범하여 고발당하면 두 세 명의 증인이 있어야 한다 (신 19:15). 그리고 장로가 죄를 범한 것이 확증될 때에는 교회 앞에서 엄히 책망하여 다른 장로들이 또 다른 죄를 짓는 것을 방지해야 한다.

신 19:15

한편 교인들에 대한 징계는 마태복음 18:15-18; 로마서 16:17,

18; 데살로니가후서 3:6-16; 디모데후서 2:23-26; 디도서 3:10 등에서 언급하고 있으며, 본문은 교회 지도자들에 대한 징계로서 이 방법은 신명기 19:15; 마태복음 18:16; 고린도후서 13:1의 원리를 적용한 것이다.

마 18:15-17

4. 목회 지침 (5:21-25)

1) 편견이 없이 행하고 불공평하게 하지 말라 (5:21)

'편견'(προχρίματος, partiality)은 '미리 심판하다'의 뜻으로 '속단'을 의미하며, '불공평하게 한다는 것'(πρόσχλισιο, favoritism)은 일정한 중심을 잡지 못하고 '이편이나 저편'으로 흔들림을 의미한다. 이처럼 바울은 디모데에게 장로에 대한 재판 문제나 그 외의 제반 문제에 있어서 엄격히 경계해야 할 것이 '속단과 편견'임을 경고하고 있다. 왜냐하면 지도자의 편견이나 불공평이 교회를 분열시키고 복음 전도를 가로막는 중대한 요인이 될 수 있기 때문이다.

2) 경솔히 안수하지 말라 (5:22)

장로를 임명할 때부터 신중히 하여 불미스러운 일이 일어나지 않도록 사전에 방지해야 한다.

3) 다른 사람의 죄에 간섭하지 말라 (5:22)

결격 사유가 있는 자를 직분자로 세웠을 때 그가 만일 죄를 범하면 결과적으로 직분자를 세운 목회자가 그 범죄를 방조한 셈이 되기 때문에 신중해야 한다.

4) 자신을 지켜 정결하게 하라 (5:22)

성도가 세속에 물들지 않고 경건한 삶을 살게 하기 위해서는 목회자가 먼저 경건에 힘써야 한다. 윗물이 맑아야 아랫물도 맑기 때문이다.

5) 자신의 건강을 관리하라 (5:23)

바울은 위(胃)가 약한 디모데에게 위장병을 치유하기 위해서 포도주를 약으로 쓰라고 권하고 있다.

6) 성급하게 권징하지 말라 (5:24-25)

어떤 사람들의 죄는 명백해서 곧 그 죄에 대한 징벌을 내릴 수 있지만 어떤 사람들의 죄는 감추어져 있기 때문에 쉽게 판단을 내릴 수가 없는데, 그럼에도 불구하고 그런 죄에 대해서도 반드시 심판이 주어질 것이라는 것이다. 즉, 사람의 눈은 피할 수 있어도 하나님의 눈은 피할 수 없기 때문에 (마 10:26) 죄를 지으면 최후의 심판 날에 하나님의 엄중한 심판을 면할 수 없다는 것이다 (전 12:14).

마 10:26

그러므로 죄가 밝히 드러나지도 않은 상태에서 권징을 행하는 어리석음을 범하지 말고, 숨겨진 죄에 대해서는 언젠가 하나님께서 심판하실 것을 믿으라는 것이다. 이는 목회자의 성급한 권징 행위로 말미암아 일어날 교회의 분란을 방지하도록 하기 위해 주어진 권면이다.

5. 종들에 대하여 (6:1-2)

당시 로마제국은 인구의 절반 이상이 노예였으며, 특히 로마 시는 노예의 수가 자유인의 약 4배에 이르렀다. 이들은 대부분 전쟁에서 포로로 잡혀 온 사람들이거나 부채(負債)를 갚지 못해 노예로 전락한 자들이었다.

로마의 모든 일은 노예들에 의해 수행되었다고 해도 과언이 아니다. 심지어 자녀들의 교육까지 노예들이 맡았기 때문이다. 따라서 노예문제는 로마제국의 중요한 사회문제로 대두하였고 결국 로마가 멸망하게 된 중요한 원인이 되었던 것이다.

이러한 노예문제는 교회에까지 영향을 미쳤기 때문에 초대 교회에서는 이로 인한 여러 가지 문제가 발생하였다. 교회의 특성상 사회적으로 열등한 노예들이 교회 안에서는 그들의 상전들과 영적인 면에서 동등성을 지니게 되었다.

그런데 건방진 노예들은 상전이 그리스도인으로서 자신들에게 베푸는 호의를 오히려 자기들의 권리로 여겼기 때문에 교회는 무질서해지기 시작했다. 따라서 교회는 그들에게 원칙을 제시해 줄 필요가 있었던 것이다.

한편 바울이 노예제도를 정당한 것으로 보았을 리 없다. 그럼에도 불구하고 바울은 노예제도를 직접적으로 개혁하려고 하지 않았다. 왜냐하면 바울은 사회개혁보다 우선되어야 할 것이 복음전파라는 것을 알고 있었기 때문이다.

오늘날에도 사회개혁을 위해서 복음을 희생시켜서는 안 된다. 언제나 복음전파를 최우선으로 해야 한다. 바울은 자유인임에도 불구하고 복음을 위해서는 스스로 종이 되었다고 선포했다.

고전 9:19-23

외형적인 개혁에 앞서서 내적인 개혁이 먼저 이루어져야 한다. 모든 사람이 복음을 받아들이게 되면 외적인 개혁은 자연스럽게 이루어지기 때문이다.

1) 종들은 상전을 범사에 마땅히 공경하라 (6:1)

이는 믿지 않는 상전에 대한 태도를 말한 것이다. 믿는 종들은 믿지 않는 상전을 범사에 마땅히 공경해야 하는데, 그 이유는 하나님의 이름과 교훈이 훼방을 받지 않게 하기 위함이다. 즉, 복음 전파가 훼방을 받지 않도록 하기 위함이다.

2) 믿는 상전일 경우는 더 잘 섬기라 (6:2)

종들이 믿는 상전을 더 잘 섬겨야 할 이유는 유익을 받는 자, 즉 자기 상전이 바로 같은 믿음의 지체이며 하나님과 성도들에게 사랑을 받는 자이기 때문이다. 바울은 '믿는 자들 우선의 원칙'을 견지 (堅持)하였다.

갈 6:10

딤전 5:8

Ⅴ. 마지막 교훈 (6:3-21)

1. 이단과 돈에 대한 경계 (6:3-10)

1) 이단자들의 특성 (6:3-5)

이단들은 다른 교훈을 말하고 하나님의 말씀과 경건에 관한 교훈에 착념하지 않는다 (3절). 이런 상태에서는 디모데전서 6:4-5의 결과를 초래하게 된다.

2) 돈에 대한 경계 (6:6-10)

인간은 '공수래공수거'(空手來空手去), 즉 세상에 아무것도 가지고 온 것이 없으므로 또한 아무것도 가지고 가지 못한다 (7절). 그러므로 먹고 입는 문제만 해결되면 족한 줄로 알아야 한다 (8절). 부하려 하는 자들은 돈을 사랑한 결과 영혼의 눈이 어둡게 되어 결국 몸과 영혼이 파멸과 멸망에 빠지게 된다 (9절).

2. 디모데에 대한 개인적인 권면 (6:11-16, 20-21)

1) 피하라 (6:11, 20)

딤후 2:22

2) 따르라 (6:11b)

롬 6:5-11

롬 8:13-14

3) 싸우라 (6:12)

4) 취하라 (6:12)

5) 지키라 (6:14, 20)

디모데후서

2 Timothy

1. 제목

헬라어 원전(原典)에는 '프로스 티모데온 베타' (προςΤιμοΘεον, B), 즉 '디모데에게 보내는 둘째 권'으로, 영어 성경에는 '2 Timothy'로, 한글 개역개정판 성경에는 '디모데후서'로 되어 있다.

2. 기록 목적

1) 거짓 교사들로부터 복음의 진리와 바른 교훈을 지키고 교회 내에 바른 질서를 세우기 위해 기록하였다.

2) 바울의 투옥과 교회가 당하는 여러 가지 어려움 때문에 의기 소침해 있는 디모데에게 용기를 주어 복음전파 사역과 목회 사역에 매진하게 하기 위해 기록하였다.

3) 바울이 로마 감옥에서 자신의 최후를 기다리면서 믿음의 아들인 디모데를 만나 위로와 사랑의 교제를 나눌 수 있기 위해 기록하였다.

딤후 4:9-11

-----

4) 비울이 추위가 엄습해 오는 감옥에서 드로아 가보의 집에 두고 온 겉옷과 책, 특별히 가죽 종이에 쓴 것이 필요했기 때문에 기록하였다.

딤후 4:13

-----

3. 배경

바울은 로마 감옥에서 1차 풀려난 뒤 에베소, 마게도냐, 그레데, 드로아 등을 방문하여 선교했다. 그러나 그 후 바울은 드로아에서 갑자기 체포되어 로마로 이송되었다. 네로 황제의 박해로 두 번째 투옥된 바울은 죽음을 앞두고 추운 감옥에서 자신의 일생이 거의 끝나 가고 있음을 의식하면서 본 서신을 기록하였다.

4. 특징

디모데전서와 디도서가 공적인 성격이 강한 목회서신인 데 비해 본서는 개인적인 성격이 두드러진 편지이다. 또한 본서는 교리적인 문제보다 복음 사역자들의 복음과 함께 고난받는 삶이 강조되어 있다(딤후 1:8).

한편 디모데전서가 개인과 교회 전체에 대하여 하나님으로부터 받은 바른 진리와 교리를 지키기 위하여 힘쓰라고 한 것에 비해 본 서신은 믿음의 후계자인 디모데를 위로하고 그의 믿음 생활을 격려하는 내용을 담고 있다.

디모데후서에 나타난 주요 지명들

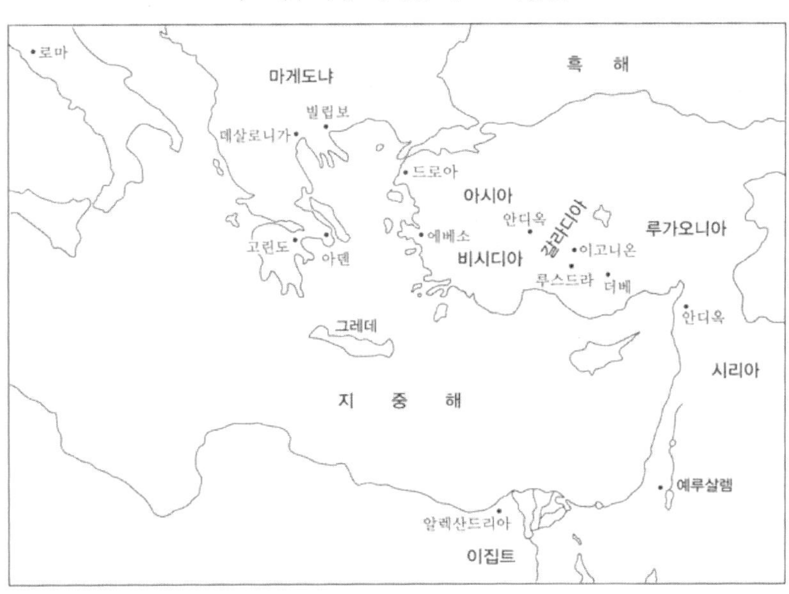

5. 개요

1) 복음을 위한 권면 (1:1-18)

(1) 문안 인사 (1:1-2)

(2) 바울의 감사 (1:3-5)

(3) 복음과 함께 고난을 받으라 (1:6-18)

2) 목회자의 임무와 자세(2:1-26)

(1) 바울의 당부 (2:1-2)

(2) 목회자의 자세 (2:3-7)

(3) 복음을 위한 고난과 영광 (2:8-13)

(4) 복음의 일꾼의 자세 (2:14-19)

(5) 귀한 그릇 (2:20-23)

(6) 목회자의 태도 (2:24-26)

3) 말세의 타락상과 권면 (3:1-4:22)

(1) 말세의 타락상과 핍박에 대한 대처 방법 (3:1-17)

(2) 전도인의 직무 (4:1-5)

(3) 바울의 순교자적 소망 (4:6-8)

(4) 바울의 마지막 부탁과 문안 인사 (4:9-22)

Ⅰ. 복음을 위한 권면 (1:1-18)

1. 문안인사 (1:1-2)

바울의 사도 된 근거는 '하나님의 뜻'과 '예수 그리스도 안에 있는 생명의 약속'인데, 이는 바울의 사도직(使徒職)이 전적으로 하나님의 뜻과 부르심에 기초하고 있으며 예수 그리스도의 십자가와 부활을 통해 나타난 구원의 복음을 사람들에게 전파하기 위해 그가 사도로 선택되었다는 뜻이다.

한편 바울이 자신의 사도직을 강조하고 있는 것은 본문 이하에서 제시하고 있는 모든 목회 지침들에 대한 사도적 권위를 밝히기 위함이다. 나아가 바울이 자신의 사도직을 강조하고 있는 이유는 디모데 역시 하나님의 부르심 가운데 바울과 같은 동일한 사역자가 되었음을 일깨우기 위함이며, 그러한 디모데에게 목회자로서의 사명감을 더욱 고취시키기 위함이다.

2. 바울의 감사 (1:3-5)

바울은 로마의 감옥에서 다가올 죽음을 기다리면서 많은 시간을 홀로 외롭게 보내야 했다. 당시 누가만이 종종 바울을 면회하여 수종들어 주었을 뿐(딤후 4:11), 바울에게 들려오는 소식은 모두 암담한 것들이었다. 더구나 초기에 바울의 동역자였던 데마는 이즈음 바울을 버리고 세상으로 갔다(딤후 4:10). 그리고 많은 성도들은 핍박을 받아 순교를 당하기까지 했다(히 11:36-37). 이러한 절박한 상황 속에서 바울은 자신의 안위(安慰)를 생각하기보다 시시때때로 그의 영적 아들인 디모데를 생각하고 그를 위하여 기도하는 수고를 아끼지 않았다.

딤후 4:11

딤후 4:10

히 11:36-37

1) 조상 적부터 섬겨 온 하나님께 감사 (1:3)

바울은 지금 로마 감옥에 2차로 투옥되어 있는 상황으로서 로마에 화재가 발생했을 때(A.D. 64) 그 범인으로 지목받고 있었다. 그로부터 얼마 후 베드로가 십자가에 못 박혀 죽게 되었고(A.D. 68) 수많은 그리스도인들이 무서운 방법으로 죽임을 당하게 되었다.

따라서 바울은 자신의 죽음 역시 확실시되는 가운데서 자신이 '조상 적부터 섬겨 오던' 하나님께 감사드리고 있다. 이것은 바울의 신앙이 역사적 근거와 정통성을 가지고 있는 참신앙이라는 것을 나타내 준다.

2) 디모데의 거짓이 없는 믿음에 대한 감사 (1:5)

디모데가 거짓 없는 믿음 즉, 참된 믿음을 갖게 된 것은 외조모 로이스 (Lois)와 어머니 유니게 (Eunice)의 믿음을 이어받았기 때문이다. 로이스와 유니게는 유대인으로서 (행 16:1) 처음에는 유대교를 믿었으나, 바울의 제1차 전도 여행 때 (A.D. 47–49) 개종했거나 바로 그 이후에 기독교 신앙을 갖게 된 것으로 여겨진다.

한편 당시 유대교 신자들은 이방인과의 결혼을 철저히 금했으며 이를 어길 경우 출교시켰다. 이러한 상황에서 딸 유니게가 헬라인과 결혼하는 것을 허락한 점으로 미루어 보아 유니게의 남편이 유대교로 개종했거나 아니면 딸이 결혼하기 전에 로이스가 기독교로 개종했을 가능성이 있다.

행 16:1

3. 복음과 함께 고난을 받으라 (1:6-18)

바울은 디모데에게 목회자로서의 사명을 새롭게 하여 복음과 함께 고난을 받으라고 권하고 있다.

1) 은사를 불 일듯 하게 하라 (1:6)

디모데는 지금 목회자로서의 사명감을 새롭게 해야 할 상황에 놓여 있었다. 그는 소심한 편이었는데 (고전 16:10), 에베소에는 그를 반대하는 자들이 많았다 (딤전 1:3-7, 19, 20; 딤후 2:14-19). 뿐만 아니라 당시 많은 기독교인들이 로마의 방화사건에 대한 누명을 쓰고 죽임을 당하는 상황이었다. 그러므로 디모데는 하나님의 능력을 덧입을 필요가 있었다.

고전 16:10

딤전 1:19-20

한편 디모데가 하나님의 은사를 받은 것은 안수(按手)를 받을 때였다. 디모데가 성직을 위임(委任)받을 때 바울은 '장로의 회'의 일원으로 그들과 함께 디모데에게 안수하였던 것으로 추정된다.

2) 능력과 사랑과 절제하는 마음을 가지라 (1:7)

(1) 능력

복음을 전파하는 자들은 두려워하는 마음을 갖거나 지나치게 소심하면 담대하게 복음을 전할 수 없다. 따라서 복음 전파자가 복음 사역을 온전히 감당하기 위해서는 먼저 하나님의 능력을 소유해야 한다. 이 '능력'(δύναμις)은 '폭발적인 힘, 탁월한 능력'을 뜻하는 것으로서 아무리 소심하고 나약한 사람이라 할지라도 이러한 하나님의 능력을 덧입게 되면 담대하게 십자가의 복음을 전할 수 있게 된다.

행 1:8

(2) 사랑

목회자에게 필요한 것은, 위로는 하나님을 사랑하고 아래로는 사람들을 사랑하는 마음이다(고전 13:4-7).

(3) 절제

목회자는 모든 일에 있어서 덤벙대지 아니하고 분별력 있게 행동하는 자제력이 필요하다.

3) 부끄러워하지 말라 (1:8)

(1) 십자가를 부끄러워하지 말라

예수 그리스도의 십자가는 구원을 주시는 하나님의 능력이기 때문에 십자가를 부끄러워하지 말아야 한다.

롬 1:16

고전 1:18

(2) 그리스도를 위하여 옥에 갇힌 바울을 부끄러워하지 말라

바울은 복음을 위하여 가는 곳마다 핍박을 당하고 수차례 투옥된 적이 있었지만(고후 11:23-27) 오히려 이를 기뻐하고 자랑하였

다. 왜냐하면 그는 예수 그리스도의 고난에 참여하는 자만이 예수 그리스도의 영원한 영광에 참여할 수 있다는 것을 믿었기 때문이다(롬 8:18; 골 3:1-4).

고후 11:23-27

롬 8:18

골 3:1-4

(3) 복음과 함께 고난받는 것을 부끄러워하지 말라

복음을 부끄러워하는 자는 예수 그리스도께서 재림(再臨)하실 때 주님 앞에서 부끄러움을 당하게 될 것이다. 그러므로 디모데는 바울을 본받아 고난을 부끄럽게 생각하지 않고 하나님의 능력을 힘입어 복음을 위한 고난에 담대하게 동참해야 했다.

막 8:38

골 1:24

4) 복음의 내용 (1:9-10)

복음이란 전적으로 하나님의 은혜의 선물이다. 인간에게는 아무 공로가 없음에도 불구하고 하나님께서는 그의 선하신 목적을 위하여 영원 전부터 예수 그리스도 안에서 주시기로 작정한 하나님의 은혜로 말미암아 택하신 자들을 부르시고 거룩하게 구별해 주셨다. 그러므로 하나님의 부르심을 입은 성도는 예수 그리스도의 부활을 통해 이미 영원한 생명을 보장받았으며, 그 약속의 궁극적 성취가 예수 그리스도의 재림 때에 새 하늘과 새 땅에서 반드시 이루어지리라는 소망 가운데 살아가는 것이다.

고전 15:42

5) 복음을 지키고 전하라 (1:11-18)

바울은 복음을 전하는 선포자와 사도와 교사로 부름 받았기 때문에 고난을 당했다 (11-12절). 그러나 그는 자신이 믿는 자를 확실히 알았을 뿐만 아니라 하나님께서 자신에게 위임하신 복음이 성공적으로 전파될 것을 확신했기 때문에 부끄러움 없이 복음을 증명했다. 그리고 자신이 디모데에게 전하여 준 복음의 진리를 디모데가 올바로 보존하고 전파하는 일에 전념해 줄 것을 당부했다.

한편 아시아의 여러 성도들, 즉 부겔로와 허모게네 같은 사람들은 진리를 저버리고 떠나갔지만 (15절) 오네시보로의 집은 여전히 충성스럽게 복음을 지키고 있었는데, 이는 바울에게 큰 위로가 되었다 (16-18절).

한편 오네시보로는 에베소 사람으로 바울의 전도로 개종한 후 에베소에서 바울에게 많은 도움을 주었으며 바울이 로마 감옥에 투옥된 후에도 자주 방문하여 그를 위로하고 힘을 주었다. 뿐만 아니라 그는 바울이 투옥된 것을 부끄러워하지 않았으며 오히려 자랑스럽게 여겼다.

Ⅱ. 목회자의 임무와 자세 (2:1-26)

1. 바울의 당부 (2:1-2)

1) 은혜 가운데서 강하라 (2:1)

디모데는 믿음은 신실한 자였으나 (딤후 1:5) 육체적으로는 약했으며 성품 또한 여렸다 (딤전 5:23). 그러므로 바울은 이러한 디모데에게 예수 그리스도의 좋은 병사가 되기 위하여 하나님의 은혜를 힘입어 강건하며 담대하라고 권했다 (3절).

2) 복음의 진리를 충성된 사람들에게 부탁하라 (2:2)

바울은 디모데에게 자기가 전해 준 복음의 진리를 충성된 사람들에게 맡겨 그들로 하여금 또 다른 사람들에게 전파할 수 있도록 하라고 당부했다.

마 28:20

2. 목회자의 자세 (2:3-7)

바울은 세 가지 비유를 통해 목회자의 자세를 말하고 있다.

1) 병사

* 바울은 복음 전파와 관련하여 자주 군대 용어를 사용했다(엡 6:10-17).

고전 9:7

고후 10:3-4

빌 2:25

몬 1:2

(1) 고난을 참아야 한다.

롬 8:17

(2) 사생활에 얽매이지 말아야 한다.

(3) 명령에 절대 순종해야 한다.

고전 4:2

고후 10:5-6

(4) 모집한 자를 기쁘게 해야 한다.

갈 1:10

잠 16:7

2) 경기하는 자

경기하는 자의 최종 목표는 승리하는 것이지만(고전 9:24) 더 중요한 것은 법대로 경기해야 하듯이, 목회자의 기본 자세는 진리를 떠나지 않는 것이다(고전 15:1-4). 목회자가 이러한 법을 잘 지키면 의의 면류관과 영광의 면류관을 받게 된다(딤후 4:8; 살전 2:19; 2:10).

3) 농부

(1) 수확을 위해 열심히 일하는 농부처럼 복음의 결실을 위해 힘써 노력해야 한다.

(2) 수고한 농부가 곡식을 먼저 차지하는 것처럼 복음을 위해 수고하는 목회자는 정당한 보수를 받을 권리가 있다.

고전 9:10-14

3. 복음을 위한 고난과 영광 (2:8-13)

바울이 복음 때문에 당한 온갖 고난을 (행 28:30-32; 빌 1:13) 참을 수 있었던 것은 (10절) 고난을 극복하고 죽은 자 가운데서 부활하심으로 승리하신 예수님처럼, 복음과 함께 고난을 당하면 장차 예수님과 함께 영광을 누리게 된다는 것을 (11-13절) 믿었기 때문이다.

4. 복음의 일꾼들의 자세 (2:14-19)

복음을 맡은 일꾼들은 말다툼을 하지 말고 (14절) 오직 진리의 말씀을 옳게 분별하며 부끄러울 것이 없는 일꾼으로 인정된 자로 자신을 하나님 앞에 드리기를 힘써야 한다 (15절).

하나님의 말씀은 이성을 초월한 말씀이기 때문에 변론의 대상이 될 수 없다. 따라서 하나님의 말씀을 가지고 이성적으로 변론하는 것은 유익이 없고 도리어 듣는 자들을 망하게 할 뿐이다 (14절). 그런데 후메내오와 빌레도는 부활이 지나갔다고 함으로 사람들의 믿음을 무너뜨렸다 (18절).

5. 귀한 그릇 (2:20-23)

어떤 종류의 그릇이든지 주인이 쓰기에 합당한 그릇이 되기 위해서는 깨끗하게 비어 있어야 하는 것처럼, 하나님께 쓰임 받는 귀한 그릇이 되기 위해서는 하나님께서 쓰시기에 합당한 깨끗한 그 릇이 되어야 한다. 여기서 깨끗한 그릇이 된다는 것은 불의한 것들로부터 떠나 자신을 정결하게 하는 것을 의미한다. 예컨대 청년은 정욕을 피하고 마음이 깨끗한 자들과 함께 의와 믿음과 사랑과 화평을 따르며 다툼을 일으키는 어리석고 무식한 변론을 버려야 한다 (22-23절).

6. 목회자의 태도 (2:24-26)

1) 다투지 말아야 한다 (2:24)

다툼은 분열과 불화를 초래하므로 주의 종은 교회의 평안을 위하여 어떠한 경우라도 다툼을 피해야 한다.

마 5:24

고후 5:18-19

살전 5:13

2) 모든 사람에 대하여 온유해야 힌다 (2:24)

주의 종은 온유하고 겸손한 성품의 모본(模本)이신 예수 그리스
도를 본받아야 한다.

마 11:29

민 12:3

3) 가르치기를 잘해야 한다 (2:24)

주의 종은 성도들에게 진리의 말씀을 가르쳐 지키게 함으로써
그들을 바른길로 이끌어야 할 책임이 있기 때문에 가르치기를 잘
해야 한다.

마 4:23

4) 참을성이 있어야 한다 (2:24)

주의 종은 말세에 나타나는 각종 거짓 교훈의 유혹으로부터 진리의 말씀을 굳게 잡고 인내함으로써 복음을 수호해야 한다.

5) 거역하는 자를 온유함으로 훈계할 수 있어야 한다 (2:25)

주의 종은 교회 안에서 의견을 달리하는 자나 믿음이 약한 자, 그리고 이단의 사상을 가진 자의 잘못을 적절한 권면과 훈계를 통해 시정해 주어 그들이 하나님 앞에서 바로 살 수 있도록 인도해야 한다.

Ⅲ. 말세의 타락상과 권면 (3:1-4:22)

1. 말세의 타락상과 핍박에 대한 대처 방법 (3:1-17)

1) 말세의 타락상 (3:1-5)

분류	죄목	의미	성경
자신에 대해	1. 자기를 사랑하며	자기 기준으로 판단하며 자신의 유익만 구하는 자	눅 14:26
	2. 돈을 사랑하며	돈을 지나치게 사랑하는 자. 이는 모든 악의 근원이 됨	딤전 6:10
	3. 자긍하며	자신을 자랑하는 교만한 자	롬 1:30
이웃에 대해	4. 교만하며	남을 무시하고 우월감에 사로잡혀 있는 자	눅 1:51
	5. 훼방하며	질서를 어지럽히거나 권위에 도전하여 혼란을 조장하는 자	딤전 1:3,4
	6. 부모를 거역하며	부모를 거역하는 것은 하나님의 권위를 거역하는 것이 된다.	엡 6:1
	7. 감사치 아니하며	하나님과 이웃을 인정하지 않는 자	눅 6:35
	8. 거룩하지 아니하며	순결과 성결을 상실한 타락한 자	딤전 1:9
	9. 무정하며	부모, 형제. 자녀. 이웃에게 애정이 없는 자	롬 1:31
	10. 원통함을 풀지 아니하며	원통한 일들을 마음에 간직하여 화해를 거부하는 자	약 3:14
	11. 참소하며	남을 허위로 비방하는 자	마 7:1-5
	12. 절제하지 못하며	자신의 악한 본성을 제어하지 못하는 자	약 1:15
	13. 사나우며	독기를 품어서 사방에 싸움을 일으키는 자	전 8:1
	14. 선한 것을 좋아 아니하며	선을 사랑하지 않는 자	요일 2:15-16
	15. 배반하여 팔며	자신을 위해 친구를 저버리는 자	애 1:2
	16. 조급하며	무엇이든지 생각 없이 경솔히 말하는 자	행 19:36
	17. 자고하며	스스로 자신을 높이는 자	딤전 3:6
하나님에 대해	18. 쾌락 사랑하기를 하나님 사랑하는 것보다 더하며	세상의 탐심과 욕심을 좇는 자	요 3:19; 행 4:19
	19. 경건의 모양은 있으나 경건의 능력은 부인하는 자	믿음의 형식을 가진 의식적인 성도	마 23:1-36; 롬 2:17-29

＊ 말세 (ἐσχατος ἡμέρα; in the last days)

(1) 구약적인 개념: 예수 그리스도의 초림 직전을 말한다.

사 2:2

단 2:28

미 4:1

(2) 신약적인 개념

① 넓은 의미로는 예수 그리스도의 초림에서부터 재림까지를 말한다.

딤전 4:1

벧전 1:20

히 1:1~2

② 좁은 의미로는 예수 그리스도의 재림 직전을 말한다.

마 24:3

2) 거짓 교사에 대한 경계 (3:6-9)

바울은 유대교의 전승을 인용하여 애굽인 마술사였던 얀네와 얌
브레가 모세를 대적하고 거짓 교훈을 전했던 것을 예로 들어 말세
를 살아가는 성도들이 거짓 교사인 영지주의자들을 경계할 것을
권면한다. 영지주의자들은 크게 두 부류로 나뉘는데 한 부류는 엄
격한 금욕주의를 취한 반면, 다른 한 부류는 육체적 쾌락주의와 성
적 방종에 빠졌다.

당시 헬라 사회는 새로운 지식에 대한 욕구가 강했고 여인들은
밖으로 나돌아 다닐 수가 없었기 때문에 여자들이 학문과 예술을

배우기 위해서 학자나 예술가들을 집으로 초청하는 일이 많았다. 따라서 영지주의 거짓 교사들은 남의 집에 가만히 침입하여 어리석은 여자들을 유혹하여 잘못된 이단 사설과 돌이킬 수 없는 성적 타락에 빠뜨렸다.

3) 핍박에 대한 대처 방법 (3:10-17)

(1) 모범이 된 바울(3:10-13)

디모데는 오랫동안 바울의 동역자로 동고동락하면서 바울의 모든 사역을 목격하였다. 즉, 디모데는 바울의 가르침 (행 17:2-3)과 행실 (고전 9:23-27), 그리고 바울의 삶의 태도(빌 3:4)와 신앙 (롬 8:38-39)뿐만 아니라 바울이 고난당한 것(골 1:24)을 다 알고 있었다. 따라서 바울은 이처럼 전도자로서의 자신의 모범적인 삶을 디모데에게 상기시킨다.

실제로 바울이 안디옥과 이고니온과 루스드라에서 극심한 박해를 받은 사실은 디모데도 익히 알고 있는 사실이었다 (행 14:22). 따라서 디모데가 기억해야 할 것은 누구든지 예수 그리스도를 믿고 경건하게 살고자 할 때는 반드시 박해를 받는다는 사실이었다. 그러나 동시에 잊지 말아야 할 것은 바울이 몸소 보여 주었듯이 예수 그리스도 안에서 고난받는 자는 반드시 예수 그리스도 안에서 승리한다는 사실이다. 예수 그리스도는 죽음의 권세를 이기시고 부활하셨기 때문이다.

바울의 모범 (3:10-11)

모범	의미	성경
교훈	그리스도의 복음을 전파하는 참된 진리	행 17:2, 3
행실	언행일치의 모범적 자세	고전 9:23-27
의향	그리스도를 푯대로 삼아 만민에게 복음을 전하는 신실한 소망	빌 3:13, 14
믿음	하나님에 대한 변함없는 신앙과 하나님께서 끝까지 지켜 주실 것을 확신함	롬 8:38, 39
오래 참음	한 영혼의 구원을 위해 끝까지 참음	살전 5:14
사랑	이웃을 사랑하되 원수까지 사랑하는 마음	살전 3:12
인내	역경과 고난을 당하여도 끝까지 견디어 구원을 이룸	행 14:19-22
핍박	복음을 비난하고 핍박하는 자를 위하여 기도함	고후 4:7-15
고난	복음을 통한 고난을 자기의 육체에 채울 각오로 생활함	골 1:24

(2) 배우고 확신한 일에 거하라 (3:14)

디모데는 성경의 기초적인 진리들을 그의 외조모 로이스와 어미니 유니게에게서 배웠으며 (1:5), 예수 그리스도의 복음에 관한 진리는 바울에게서 배웠다 (행 14:12). 그러므로 디모데는 자신이 배우고 확신한 진리 위에 굳게 서서 끝까지 머물러 있기만 한다면 아무리 이단들이 판을 친다 하더라도 이를 능히 이길 수 있었다.

당시 유대 출신의 그리스도인들은 자신들의 자랑인 율법을 숭상하기도 했으며, 이방 출신 그리스도인들은 영지주의의 유혹에 넘어가는 경우가 많았다. 그러므로 바울은 디모데에게 배우고 확신한 일에 거하라고 했던 것이다.

(3) 성경의 지혜와 유익 (3:15-17)

모든 성경은 하나님의 감동으로 기록된 것으로 구원에 이르는 지혜를 담고 있으며 (15절; 요 5:39), 인간을 교훈하고 책망하고 바르게 하고 의로 교육하기에 유익한 말씀이다. 따라서 성도들은 성

경 말씀을 통해 온전해지며 모든 선한 일을 행하기에 온전해지는
것이다 (16–17절).

요 5:39

2. 전도인의 직무 (4:1–5)

1) 바울의 명령 (4:1)

바울은 자신의 죽음이 임박했음을 느끼고 디모데에게 자신의 사
후(死後)에도 복음전파의 사명을 완수할 것을 명하고 있다. 한편
바울의 명령은 주님의 재림과 그때에 이루어질 하나님의 나라에
근거하고 있다.

2) 명령 수행의 방법 (4:2–5)

(1) 때를 얻든지 못 얻든지 복음전파에 힘써야 한다 (4:2)

겔 3:11

(2) 인내를 가지고 사람들을 경책하고 경계하며 가르쳐야 한디 (4:2)

사람들은 말세가 될수록 점점 건전한 교훈과 올바른 교훈을 듣기 싫어하고 그들의 귀를 즐겁게 해 줄 거짓 교사들을 좋아하며 진리에서 벗어나 헛된 이론과 허황된 이야기에 끌려갈 것이기 때문이다.

(3) 전도인으로서 자신의 직무에 전력해야 한다 (4:5)

설교하고 가르치고 봉사하는 일에 최선의 노력을 기울이되 주 예수께서 부르시는 날까지 쉬지 말아야 한다.

결론적으로 복음전파의 사명을 맡은 주의 종은 희생정신을 가지고 성실하게 복음 사역을 수행하되 좌로나 우로나 치우치지 않도록 곧은 정신을 가지고 진리를 수호해 나가야 한다.

3. 바울의 순교자적 소망 (4:6-8)

평생 복음을 위해 선한 싸움 다 싸우고 달려갈 길을 마치고 믿음을 지킨 바울은 이제 자신의 모습을 하나님께 바치는 제물로 묘사하면서 (6절; 민 15:5; 빌 2:17), 자신을 포함하여 주의 사역에 헌신하는 모든 자들에게 주어질 의의 면류관에 대한 소망을 밝힌다.

민 15:5

빌 2:17

4. 바울의 마지막 부탁과 문안 인사 (4:9-22)

바울은 임종을 앞두고 사랑하는 믿음의 아들인 디모데를 급히 부르면서 (9절) 자신의 주변 인물 중에 자신을 버리고 떠나간 자들을 회고하고 (10절), 한때는 바울의 심기를 불편하게 하기도 했으나 현재에는 필요한 마가를 찾고 있다 (11절).

또한 자신이 즐겨 입었거나 추억이 서려 있는 것으로 보이는 겉옷과 늘 읽으면서 은혜 받았던 성경책과 여러 가지 문서들을 가져오라고 한다 (13절). 자신의 과거를 옷과 여러 가지 기록들을 통해서 회고하고 싶은 열망 때문이었을 것이다. 그러다가 바울은 갑자기 자신에게 심한 해를 입혔던 구리 세공업자 알렉산더가 생각나 그에 대한 주의를 당부하고 그에 대한 심판은 하나님께 맡긴다 (14-15절).

나아가 바울은 자신이 투옥될 때 아무도 와 주지 않았던 것에 대한 섭섭함을 토로하면서 믿을 분은 오직 예수 그리스도 한 분뿐임을 고백한다. 즉, 그는 자신 곁에 서서 힘을 주시고, 사자의 입에

서 건져내 주실 뿐 아니라 모든 악한 일에서 건져내서 천국에 들어
가도록 구원해 주신 주님께 영광을 돌린다 (17-18절). 그리고 마지
막 문안 인사와 축도로 서신을 끝맺는다 (19-22절).

디도서

Titus

1. 제목

본서는 바울이 고린도 교회에서의 사역에 이어(고후 8:6, 16–24) 그레데 교회에서 목회하고 있던 디도에게 보낸 서신으로서 수신자 디도의 이름을 따라 디도서라고 불린다. 헬라어 원전(原典)에는 '프로스 티톤'(προς Τιτον), 즉 '디도에게'로, 영어 성경에는 'To Titus'로, 한글 개역개정판 성경에는 '디도서'로 되어 있다.

2. 기록 목적

1) 초대 교회 당시 그레데 교회는 매우 혼란스럽고 믿음의 선한 행위가 없었기 때문에 교회 내의 질서 확립과 바른 신앙관을 정립하기 위해(1:10–13; 2:1–10) 기록하였다.

딛 1:10–13

2) 그레데 교회에서 목회하는 디도를 격려하며 거짓 교사들을 경고하기 위해 기록하였다.

3) 성도의 모범된 삶을 제시하기 위해 기록하였다.

3. 배경

바울은 로마 감옥에서 1차 석방된 후 소아시아를 향한 여행 중에 디도를 그레데 섬에 남겨 두어 그곳 교회의 조직과 관리 감독을 하도록 하였다. 그리고 바울은 아가야의 니고볼리를 향해 전도 여행을 떠났으며 거기서 디도서를 기록하였다.

4. 특징

디모데전서와 매우 흡사하여 디모데전서의 축소판이라고 불리는 본서는 하나님의 은혜와 더불어 신앙의 실천적인 면을 강조하고 있다. 한편 본서에만 나타나는 특징은 다음과 같다.

1) 하나님의 선택, 구원의 보편성, 영생, 그리스도의 신성, 재림, 칭의 등과 같은 기독교의 핵심 진리가 논리적으로 제시되어 있다. 이는 하나님의 구원의 은혜에 입각하여 성도가 어떻게 행동해야 마땅한지를 자연스럽게 교훈하기 위함이다. 즉, 본서는 기독교의

핵심 진리에 기초하고 있으면서 교회생활과 관련된 실제적인 교훈들을 주고 있는 것이다.

2) 바울이 이방인인 그레데인 선지자의 글을 인용하여 그레데 교인들을 경책한 것도 특기할 만하다 (1:12). 이는 바울이 비단 구약 성경과 율법뿐만 아니라 세상 학문에도 박식했음을 증명해 준다.

디도서에 나타난 주요 지명들

5. 개요

1) 교회 질서 확립과 거짓 교사 경계 (1:1-16)

(1) 문안 인사 (1:1-4)

(2) 장로의 자격 (1:5-9)

(3) 거짓 교사 경계 (1:10-16)

2) 교회 각층에 대한 지침 (2:1-3:11)

(1) 남녀노소에 대한 지침 (2:1-8)

(2) 종들에 대한 지침 (2:9-10)

(3) 하나님의 은혜 (2:11-15)

(4) 그리스도인의 사회생활에 대한 지침 (3:1-8)

(5) 이단에 대한 성도의 태도 (3:9-11)

(6) 마지막 부탁과 인사 (3:12-15)

Ⅰ. 교회 질서 확립과 거짓 교사 징계 (1:1-16)

1. 문안 인사 (1:1-4)

1) 바울의 사도직의 신적기원 (1:1a)

다른 목회서신에서보다 본서에서는 더 긴 인사말을 쓰고 있는데, 이는 당시 그레데 교회가 거짓 교사들의 영향으로 바울의 사도적 권위를 무시하고 있었다는 것을 반영한다.

딤후 1:1-2

딛 1:1-4

또한 바울은 자신의 사도직이 하나님께로부터 직접 주어진 것이라는 사실을 강조하는데 (1절), 바울은 그의 사도직을 의심받을 때마다 다메섹의 체험을 회상하면서 사도직의 신적 기원을 역설하였다.

갈 1:1

갈 1:11-17

2) 바울이 사도로 부르심을 받은 목적 (1:1b, 2)

바울이 하나님의 종으로 예수 그리스도의 사도가 된 것은 하나님이 택하신 자들의 믿음과 경건함에 속한 진리의 지식과 영생의 소망을 불러일으키기 위함이다. 이 영생은 영원 전부터 약속된 것으로(엡 1:4) 하나님께서 자기 때에 예수님을 통해서 성취시키시고 이제 전도를 통하여 나타내셨는데 바울도 이 전도의 임무를 명령 받았다는 것이다.

2. 장로의 자격 (1:5-9)

1) 그레데 교회의 형편 (1:5)

바울은 자기 영역에 속한 여러 교회들에게 편지를 써서 진리를 가르치고 변호하였을 뿐 아니라 적절한 시기에 적당한 일꾼을 파송하여 교회를 다스리고 가르치게 하였다. 에베소 교회에는 디모데를 파송하였고(딤전 1:3), 문제가 많은 그레데 교회에는 중재의 역할을 잘하는 유능한 지도자인 디도를 보내어 당분간 목회하도록 지시하였던 것이다.

한편 바울이 디도를 그레데에 머물게 한 목적 중에 하나는 그레데 교회에 장로들을 세우기 위함이었다(5절). 그레데 교회는 아직 지도자가 없었고 조직 체계가 완전하지 못했기 때문에 여러 가지로 혼란한 가운데 있었다. 그러므로 바울은 장로들을 세워 그들로 하여금 교회를 치리하게 함으로써 신앙적이고 윤리적인 부족을 충족시켜 주기 원했던 것이다.

2) 장로의 자격 (1:6-9)

장로의 자격은 크게 가정적인 것과 사회적인 것이 있다. 이 중에서 가정적인 것이란 교회를 다스리는 직분을 맡은 자는 가정이 평온하여 모범이 되어야 하며, 사회적인 것이란 외적으로 누구에게나 책망받을 것이 없는 자세를 말한다.

그러므로 장로들은 항상 스스로 겸손하도록 노력하며 (약 4:6; 벧전 5:5), 사랑으로써 권면하고 (고전 16:14), 그리스도를 닮아 인자한 모습을 갖도록 힘써야 한다 (미 6:8).

한편 디모데전서에는 '감독' (딤전 3:1)이라는 말로 나타나 있지만 본문의 '장로' (5절)와 '감독' (7절)은 같은 의미로 쓰이고 있다. 바울에 의하면 장로는 성도들을 돌보고 지도하며 가르치는 책임을 맡은 하나님의 청지기로서 (7-9절) 진리를 가르치고 권면할 뿐 아니라, 거짓 교훈에 대하여 진리를 변호하며 수호해야 할 책임도 있으므로 진리의 말씀을 바로 알고 확신을 가지고 그것을 굳게 붙들어야 한다.

<h2 style="text-align:center">장로의 자격 (딛 1:6-9)</h2>

자격의 내용	딛	딤전	의미
책망할 것이 없어야 한다.	1:6	3:2	선한 평판을 가진 자
한 아내의 남편이어야 한다.	1:6	3:2	한 아내에게 충실한 자
믿는 자녀를 둔 자라야 한다.	1:6	3:4	하나님을 잘 섬기는 믿음의 자녀들이 말씀과 사랑 가운데서 화목하게 생활하여 본이 되는 자
제 고집대로 하지 않아야 한다.	1:7	3:3	서로 양보하고 대화하며 절충하는 자
급히 분 내지 않아야 한다.	1:7	3:3	분을 참고 심사숙고하는 자
술을 즐기지 않아야 한다.	1:7	3:3	육신의 쾌락을 추구하지 않는 자
구타하지 않아야 한다.	1:7	3:3	물리적 행위로 남에게 상처를 주지 않는 자
더러운 이득을 탐하지 않아야 한다.	1:7	3:3	재물을 탐하여 교회나 사회로부터 지탄의 대상이 되지 않는 자
나그네를 대접해야 한다.	1:8	3:2	이웃을 사랑으로 돌보는 자
선행을 좋아해야 한다.	1:8		악을 멀리하고 선을 추구하는 자
신중해야 한다.	1:8	3:2	자신을 겸손히 낮추는 자
의로워야 한다.	1:8		정의를 구하고 진리를 좇는 자
거룩해야 한다.	1:8		하나님의 품성을 닮은 자
절제해야 한다.	1:8	3:2	자신의 분수에 맞게 행하는 자
말씀의 가르침대로 지켜야 한다.	1:9		하나님의 말씀을 믿고 올바르게 사는 자
가르치기를 잘해야 한다.	1:9	3:2	하나님의 말씀을 항상 전하고 양육하는 자

＊ 장로와 감독

① 장로

구약에서의 장로는 모세와 더불어 백성을 지도하며 (출 3:16, 4:29) 정치적 지도자 역할 (출 19:7, 24)을 하여 나랏일에 참여했고 재판을 하기도 했으며 (신 22:15) 백성을 대표하기도 했다 (출 17:5, 24:1). 신약에서의 장로는 교회를 치리하고 (행 11:30, 21:18) 병자들을 돌보며 (약 5:14) 권면하고 구제하는 일 등을 했다.

② 감독

목회서신에서 '장로'와 '감독'이란 말은 구분이 분명하지 않고 동의어에 가깝게 사용되고 있다. 감독은 교회의 공식적인 대변자요 성도들의 목사였다.

3. 거짓 교사 경계 (1:10-16)

1) 거짓 교사들의 정체 (1:10)

그레데의 거짓 교사들은 유대교에서 넘어온 자들로서 할례를 받아야만 구원을 얻는다고 주장하는 할례파였다 (10절; 행 15:1; 롬 2:25-29; 갈 6:12).

행 15:1

____

____

갈 6:12

____

____

거짓 교사들은 믿음으로 구원을 얻는다는 복음의 원리(롬 10:9; 갈 5:6)에 순종하지 않고 허탄한 이야기를 일삼는 자들이며 (14절) 입으로는 하나님을 시인하며 경건을 말하나 속으로는 탐욕에 눈이 멀어 더러운 이익을 추구하는 자들이다.

롬 16:17-18

뿐만 아니라 그들은 이단사상을 퍼뜨리며(갈 1:6-8) 예수 그리스도의 진리를 따르지 않고(딤전 6:3-5), 인습을 좇으며(마 15:9), 헛된 토론을 즐기고(딤전 1:6, 7), 속이며(엡 4:14), 정욕에 붙들린 자들이었다(벧후 2:12-19). 요컨대 진리를 거스르는 헛된 주장과 선한 행위가 전혀 없는 표리부동(表裏不同)한 삶이 바로 거짓 교사들의 정체이다(15, 16절). 그들은 마치 율법의 행위만을 강조하던 외식하는 바리새인들과 같았다.

눅 20:47

2) 그레데인들의 성품 (1:12)

그레데 출신의 에피메니데스(Epimenides)라는 선지자는, 그레데인을 가리켜 거짓말쟁이, 악한 짐승, 배만 위하는 게으름쟁이라고 말했다. 또한 여러 역사가들(Polybius, Livy)과 철학자들(Cicero, Plutach)도 그레데인들을 돈만 좋아하며 탐욕스럽고 부도덕한 사람들이라고 평했다.

* 그레데인 중에 어떤 선지자 (1:12)

이 선지자는 주전 600년경에 활동했던 그레데 출신의 에피메니데스(Epimenides)라는 사람으로서, 그는 그리스의 고대 '7대 현인(賢人)'중 한 명이다. 바울이 에피메니데스를 선지자라고 칭한 것은 하나님께서 세운 선지자라는 것이 아니라 당시 사람들이 에피메니데스를 '신적으로 영감받은 사람'으로 간주하였기 때문이다. 또한 당시 그를 선지자로 언급한 기록들이 있었으므로 단순히 그런 표현을 사용했을 것이다.

* 유대인의 허탄한 이야기 (1:14)

유대교의 외경이나 위경 등에서 찾아볼 수 있는 거짓된 이야기로서, 디모데전서 1:4에 나오는 '신화와 끝없는 족보'에 해당된다. 한편 이는 당시 그레데에서 막강한 영향력을 행사하고 있던 유대인들 중 영지주의의 영향을 받은 자들이 구약성경을 영지주의적 관점에서 해석한 것을 의미한다.

3) 정결한 것과 부정한 것 (1:15-16)

거짓 교사들은 영지주의의 이원론 사상에 근거하여 물질이나 결혼 등을 악한 것으로 보았다. 그러나 바울은 그들의 더러운 마음에

서 나온 그들의 교훈과 행위가 더럽지 물질 자체는 하나님께서 창
조하신 것으로 더럽지 않다고 주장한다(마 15:11; 롬 14:14, 20).
이는 정결한 것과 부정한 것에 대한 유대인의 기존 관념을 깨뜨리
는 주장으로서 정결의 표준이 의식적인 문제가 아니라 마음의 문
제임을 말하고 있는 것이다.

마 15:11

롬 14:14

롬 14:20

한편 디도서 1:15은 디모데전서 4:1-5의 내용과 동일한 언급으로
서 이런 말이 자꾸 등장하는 것은 당시 유대인들은 계속해서 율법
을 고집했고, 영지주의 영향을 받은 무리들이 이원론적인 사고로
모든 것을 판단했기 때문이다.

딛 1:15

딤전 4:1-5

Ⅱ. 교회 각층에 대한 지침 (2:1-3:15)

1. 남녀노소에 대한 지침 (2:1-8)

디모데전서 (5:1-16)가 과부에 대해 집중적으로 다루고 남녀노소에 대해서는 간단하게 취급한 반면, 디도서 (2:1-8)는 남녀노소에 대해 비교적 상세하게 다루고 있다. 또한 디모데전서는 남녀노소를 어떻게 대할 것인가를 언급했는데, 여기서는 남녀노소가 어떻게 행해야 하는지에 대한 지침을 주고 있는 점이 다르다.

남녀노소에 대한 지침(2:1-8)

각층	지침	참조
늙은 남자 (1-2절)	절제, 경건, 근신, 믿음, 사랑, 인내함으로 온전해야 한다.	딤전 3:2; 딛 1:8
늙은 여자 (3절)	거룩하고, 참소치 말며, 술의 종이 되지 말고, 선한 것을 가르쳐야 한다.	딤전 3:11; 잠 13:3, 21:23; 벧전 3:10
젊은 여자 (4-5절)	남편과 자녀사랑, 근신, 순선, 십안일을 하며, 선하며, 남편에게 복종해야 한다.	엡 5:22-23; 골 3:18
젊은 남자 (6-8절)	근신, 범사에 스스로 선한 일의 본을 보이고, 바른말을 해야 한다.	행 20:35; 고전 4:6-16

2. 종들에 대한 지침 (2:9-10)

디모데전서 6:1-2에서는 상전을 믿는 자와 믿지 않는 자의 경우로 구분해서 언급하고 있는데, 여기서는 묶어서 언급하고 있다. 종은 상전에게 순종하고 기쁘게 하며 거슬러 말하지 말고 도적질하지 말며 충성해야 한다.

골 3:22

한편 예수 그리스도 안에서는 진정한 의미에서 주종 관계가 있을 수 없지만, 당시 초대 교인들 중에는 종의 신분을 가진 자들이 상당수 있었기 때문에 바울은 현실적으로 존재하고 있는 노예제도와 관련하여 그리스도인으로서 종의 신분에 있는 자가 해야 할 도리를 밝힌 것이다.

3. 하나님의 은혜 (2:11-15)

1) 구원을 주시는 하나님의 은혜 (2:11)

우리가 구원받고 영생을 얻게 된 것은 전적인 하나님의 은혜이다. 그러므로 하나님의 은혜로 구원받은 성도들은 이 세상의 경건치 않은 것과 세속적인 욕심을 버리고 근신함과 의로움과 경건함으로 살아야 한다. 즉, 쾌락이나 소유에 대한 무절제한 욕망과 부도덕한 마음과 우상 숭배를 버리고 하나님을 두려워하는 마음으로 영생의 소망을 가지고 살아가야 한다.

롬 3:24

딛 1:2

요 5:24

골 1:5

---

2) 양육하시는 히나님의 은혜 (2:12-13)

하나님께서는 부모가 자녀를 양육하듯 성도들을 훈련시키시고 가르치신다. 구약성경에도 하나님의 자녀 된 이스라엘 백성을 기르시고 먹이시는 하나님의 사랑이 잘 나타나 있다 (신 32:11; 시 23:1, 2). 이러한 양육은 성도들의 믿음과 행위가 성숙해져서 예수 그리스도를 닮을 때까지 계속된다 (엡 4:13, 15). 하나님께서는 우리를 죄와 죽음에서 구원하는 데 그치지 않고 주님의 날 (재림)이 이르기까지 함께하사 계속해서 돌보시고 인도하신다.

신 32:11

시 23:1-2

엡 4:13-15

---

3) 예수 그리스도의 대속의 이유 (2:14)

예수님이 우리를 모든 불법에서 구속하시고 깨끗하게 하신 것은 우리로 하여금 선한 일에 열심을 내는 친 백성이 되게 하시기 위함이다.

엡 2:8-10

4) 목회자의 임무 (2:15)

바울은 디도가 목회자로서 복음의 바른 진리를 말하며 성도들을 권면하며 잘못된 자들을 책망하라고 당부한다.

4. 그리스도인의 사회생활에 대한 지침 (3:1-8)

그리스도인도 이 세상에 살 동안에는 사회의 한 시민이기 때문에 사회의 여러 가지 문화와 제도와 풍습 속에서 살아갈 수밖에 없다. 이러한 사회의 상황 속에서 어떻게 하면 하나님의 자녀답게 살아갈 수 있겠는가 하는 것은 매우 중요하다.

바울이 이 서신을 쓸 당시 로마는 전제군주의 강압 정치 아래 있었다. 그러므로 일부 과격한 그리스도인들은 순교를 각오하면서 세속 권력에 대항하며, 현실 제도를 무시하려는 경향이 강했다. 이런 상황에서 바울은 사회의 시민으로서 그리스도인이 세속 권력과

제도에 어떻게 대해야 하는가 하는 지침을 주고 있다. 그리고 그러한 지침을 주는 당위성을 설명하고 있다.

1) 세상 정부에 복종하고 순종하라 (3:1)

세상 정부의 권세도 하나님께서 주신 것이기 때문에 그 권세에 복종하는 것이 하나님의 뜻이다 (롬 13:1; 렘 25:8; 27:17). 그러나 무조건 복종할 것이 아니라 그리스도 안에서 순종해야 한다 (단 3:16-18). 여기서 바울이 세상 권세와 제도에 복종하고 순종하라고 한 것은 오히려 신앙을 잘 유지하고 확장하기 위해서 세상 권세와 제도에 지혜롭지 못하게 대항하는 것을 삼가라는 것이다.

롬 13:1

렘 27:17

2) 구원받기 전의 자신의 상태를 생각하여 불신세력을 관용과 인내와 선으로 대하라 (3:2-8)

우리가 세상의 불신세력을 미워하거나 그들과 다투지 말아야 하는 이유는 우리도 구원받기 전에는 그들과 같았기 때문이다 (딛 3:2

-3). 또한 우리가 구원받은 것은 우리의 의로운 행위 때문이 아니라 전적으로 하나님의 긍휼하심을 따라 중생의 씻음과 성령의 새롭게 하심으로 된 것이기 때문이다 (딛 3:4-5).

우리는 예수 그리스도의 구속사역과 성령에 대한 약속을 따라 성령의 부으심을 받아 하나님의 후사가 되었다 (딛 3:6-7). 그러므로 목회자는 이런 사실에 대해 굳세게 말하여 성도들이 쓸데없는 분쟁에 휘말리지 않고 선한 일에 힘쓰도록 해야 한다. 이것이 아름다우며 사람들에게 유익하다 (딛 3:8).

구원의 단계

단계	의미	성경
선택	하나님께서는 구원하실 백성을 택하셨다.	롬 9:11; 살후 2:13
부르심 (김命)	복음은 모든 자에게 구별 없이 전파된다.	요 6:44; 딤후 1:9
믿음	전인격이 주님께로 향하여 죄에서 돌아서게 된다.	행 3:19
회개	죄로부터 전인격 (全人格)이 돌아선다.	행 2:37, 38
거듭남 (重生)	예수님을 구주로 영접한 자에게 하나님의 생명. 성품. 능력 등이 주어진다.	요 1:12; 고후 5:17
칭의 (稱義)	죄인이 그리스도를 의지할 때 즉시, 그리고 영원히 의인으로 여겨진다.	롬 8:30
양자 (養子)	죄인이 의롭다고 여겨질 때, 하나님의 자녀가 되고 자신도 그것을 깨닫는다.	요 1:12; 갈 4:6
성화 (聖化)	성도가 거룩을 위해 죄와 대항하여 싸울 수 있도록 하나님께서 힘을 주신다.	롬 6:4, 6; 빌 2:12, 13
영화 (榮化)	마지막 날에 주님께서 다시 오실 때 성도들은 몸과 영혼이 완전하게 된다.	히 12:23

5. 이단에 대한 성도의 태도(3:9-11)

1) 이단에 대해 피해야 할 태도(3:9)

(1) 어리석은 변론을 피하라

초대 교회 당시에는 하나님의 본질, 천사들, 야훼라는 이름의 권능 등에 관한 의미 없는 논쟁들이 있었다(딤전 1:4; 6:4; 딤후 2:23). 바울은 복음을 굳게 붙잡음으로써 이러한 의미 없는 논쟁에 휘말리지 말 것을 당부했다.

딤전 1:4

딤전 6:4

딤후 2:23

(2) 족보 이야기를 피하라

유대인들은 자신들을 제사장의 후예나 아브라함의 후예로 높이기 위하여 성경의 인물과 연관시켜 족보를 만들었으며, 이로써 아브라함과 결속되어 축복의 후사가 되는 줄로 착각하고 있었다(갈

3:29). 이에 대하여 바울은 형식적이고 생명력이 없는 족보 이야기를 어리석고 허탄한 것이라 규정짓고 있다(딤전 1:4).

갈 3:25-29

딤전 1:4

(3) 분쟁과 율법에 대한 다툼을 피하라

유대교의 율법학자들은 안식일에 할 수 있는 일과 해서는 안 될 일, 또는 깨끗한 것과 부정한 것, 정결한 음식과 불결한 음식 등에 대한 율법적인 토론에 열중하였으며 이를 종교적인 행위로 착각했다. 그러나 바울은 이러한 논쟁이 무익하고 헛된 것임을 경고하였다(9절). 오히려 그리스도인들은 의식적인 규칙이나 피상적인 토론에 얽매이지 말고 선한 일을 하여 하나님의 영광을 드러내야 한다.

딤전 6:18

2) 이단에 대해 취해야 할 태도 (3:10-11)

이단에 빠진 자들도 회개하여 주께로 돌아올 가능성이 있으므로 그들의 영혼을 사랑하는 마음으로 한두 번 훈계할 필요가 있다. 그러나 훈계를 듣지 않으면 그들과 관계를 끊어야 한다. 왜냐하면 그들은 이미 그리스도와 성령에게서 떠나 정죄를 받았기 때문이며 그들로부터 교회 전체를 보호하기 위해서다.

요이 1:10

____

____

6. 마지막 부탁과 인사 (3:12-15)

바울은 디도에게 아데마 (Artemas)와 두기고 (Tychius)를 그레데로 보낼 터이니 서둘러 니고볼리로 오라고 부탁한다. 두기고는 본래 아시아 사람으로서 (행 20:4) 에베소와 골로새 등에 바울의 편지를 전한 적이 있는 바울의 신실한 동역자였다 (엡 6:21; 골 4:7). 바울은 니고볼리에서 겨울을 지낼 계획을 가지고 있었으므로 거기서 디도를 만나려고 하였다.

한편 바울은 율법교사인 세나 (Zenas)가 그레데에서 궁핍한 생활을 하며 고통을 당하고 있었기 때문에 그들을 먼저 보내라고 부탁한다 (13절). 그리고 마지막으로 디도에게 하나님 앞에서 선한 일에 열매를 맺는 자가 되라고 당부한다 (14절).

목회 윤리

목사직은 고귀한 소명이며 예수 그리스도를 대표하는 직으로서 일반적으로 사람들은 목사직을 높이 보고 목사를 존경한다. 그러므로 목사는 일반인들에게 윤리적인 면에서 본이 되어야 한다. 목회자가 입으로는 천사의 말을 할지라도 도덕적으로, 또는 윤리적으로 타락한 생활을 한다면 그것은 이율배반적인 삶이 되기 때문에 목사로서의 자격을 상실한다. 따라서 목사는 설교자요 지도자요 목회자이기 전에 먼저 가정과 교회와 사회에서 건전한 상식인이요 양심인이며 윤리적인 존재가 되어야 한다.

1. 직무상의 윤리

1) 성실해야 한다.
2) 일관성을 가져야 한다.
3) 열심을 품고 일해야 한다.
4) 소신껏 일해야 한다.
5) 하향적이 아닌 참여적 지도력을 발휘해야 한다.

2. 설교자로서의 윤리

1) 정직해야 한다.

목사가 남의 설교 자료를 마치 자신의 것인 양 제시하는 것은 진실하지 못한 행동이다. 남의 것을 인용할 때는 출처를 밝혀야 한다. 또한 확실히 알지도 못한 것을 잘 아는 것처럼 말하는 것은 소경이 소경을 인도하는 격이 된다.

2) 설교를 자신의 악감정을 토로하는 기회로 삼지 말아야 한다.

3) 설교할 때 비판이나 명령조의 언사보다 희망의 언어를 사용하는 것이 좋다.

4) 일방통행적인 설교를 삼가고 성도들이 알아듣게 설교해야 한다.

5) 강단이 정치 연설의 자리가 되지 않도록 주의해야 한다.

강단의 목회적 권위 속에는 설교를 좌익이나 우익이나 중립의 자리에 서서 하는 정치 연설로 바꿀 자유가 내포되어 있지 않다. 우선적으로 설교는 항상 하나님의 심판 아래 있는 어떠한 사회적 현상 유지나 단축이나 변화를 정당화하는 데 이용해서는 안 된다.

3. 동료 간의 윤리

목사도 인간이기 때문에 서로 질투나 갈등이 없을 수는 없으나 남의 일에 간섭하지 말고 상호 협조하는 정신을 가져야 한다.

4. 선배와 후배 간의 윤리

나이는 적어도 목사 안수를 먼저 받았기 때문에 선배가 되고, 연상이지만 후배가 되기도 한다. 이런 경우에도 각자 위치에서 서로 예의를 지키는 자세가 필요하다.

5. 전임자와 후임자 간의 윤리

인사 발령 후 인수인계가 끝나면, 전임자는 여하한 목회 상황에서도 명확하게 손을 떼야 한다.

6. 성도와의 관계에서의 윤리

다원화되어 가는 사회에서 권위 일변도의 일방통행식 목회보다는 평신도들의 자발적인 참여가 요구되는 시대이기 때문에 목사와 성도 간의 윤리적 관계가 더욱 새로워져야 한다.

한편 목사도 인간이기 때문에 실수할 때도 있고 과오를 범할 때도 있지만 목사로서 지켜야 할 윤리의 선을 넘어서는 안 된다. 성도들 앞에서 성직자로서 품위를 지켜야 하고 언제나 성도들에게 존경받을 수 있어야 하는 것이다. 이를 위해 다음과 같은 사항에 주의해야 한다.

1) 항상 혀를 제어할 줄 알아야 한다.

성도들의 사사로운 일을 타인에게 이야기한다거나 성도를 비난하고 흉을 보아서는 안 된다.

2) 성도를 차별하지 말고 공평하게 대해야 한다.

3) 금전 문제에 개입하지 말아야 한다.

4) 권한을 남용하지 말아야 한다.

7. 이성 간의 윤리

목사의 하는 일은 다른 직업과는 달리 많은 여성들을 대하게 된다. 따라서 이성 간에 죄를 범할 요인이 될 수 있는 기회를 피해야 한다. 비록 하나님 앞에 옳은 일이라 하더라도 남에게 의심을 받는 행동은 가급적 삼가야 한다.

8. 사회 윤리

목사란 교회 안에서, 그리고 교회를 초월하여 우리가 살고 있는 도덕적 환경을 강화하도록 부름 받았다. 그것은 곧 대사회적 목회를 뜻한다. 따라서 다음 사항에 유의해야 한다.

1) 목사는 대사회적 문제들에 가담해야 할 어떤 독점적인 과제를 떠맡고 있는 것은 아니지만 그러한 책임을 부여받은 사람들 가운데 속해 있다는 것을 잊지 말아야 한다.

2) 목사는 교회 주변에 있는 '가까운 이웃들'에 대한 책임이 있다는 것을 알아야 한다.

3) 목사는 하나님께서 사회의 정의와 자비, 특히 고통 중에 있는 '지극히 작은 자' (마 25:40)들에게 관심을 갖고 계신다는 것을 잊지 말아야 한다.

4) 목사는 평신도들의 도덕적 신념이나 전문적 지식을 존경해야 한다.

목사라고 해서 정치적, 경제적, 사회적 제반 사항에 대한 권위자는 아니다. 따라서 교회가 세상 안에서 행동을 하고 말을 할 경우 정부나 교육계나 노동조합이나 사업계나 사회 복지기관에 종사하는 평신도들의 경험을 통해 신학적인 관점을 보완해야 할 자료들을 제공받을 수 있는 것이다.

5) 목사는 정치적인 문제에 대해 지혜롭게 처신해야 한다.

교회는 정치적인 당파에 참여하지 말아야 하며 오히려 하나님의 말씀을 세우는 일에 힘써야 한다. 교회는 사회복음을 선포하는 대신에 십자가의 복음을 선포해야 한다.

그럼에도 불구하고 복음은 사회적인 의미뿐만 아니라 심지어는 정치적 의미도 지니고 있다. 이런 이유 때문에 설교가 사람이 살고 있는 사회 상황을 지향한다면 정치문제를 언급할 수도 있고 심지어는 정치적인 색채를 띨 수도 있다.

9. 개인 윤리

목회의 중요한 도구들 가운데 하나는 자기 자신이다. 그러므로 목사는 자신의 정신적이고 영성적인 건강에 관심을 기울여야 한다.

1) 목사직에 대해 바르게 인식해야 한다. 즉, 목사직은 '고귀하고 신성한 소명'이라는 것을 항상 잊지 말아야 한다.

2) 하나님과의 관계에서 목사라는 직책은 하나님께로부터 부여받은 것이므로 그 사역을 수행함에 있어서 항상 인간관계보다 하나님과의 관계에 우선순위를 두어야 한다.

3) 목사는 타인과의 관계에서 다른 사람들이 하는 일에 대하여 반드시 동의하거나 타협하지 않더라도 예의 바르고 윤리적으로 대해야 한다.

4) 목사는 가족과의 관계를 중요하게 여겨야 한다. 하나님께서는 교회나 사회제도보다 먼저 가정이라는 제도를 세우셨다. 그만큼 하나님께서는 가정을 중요하게 여기신 것이다. 그럼에도 불구하고 오늘날 많은 목회자들이 가정이나 가족을 소홀히 하여 결국 목회에 실패하는 경우가 많이 있다. 그러므로 목사는 먼저 가족을 잘 돌볼 수 있어야 한다.

5) 기타

(1) 시간을 지혜롭게 관리해야 한다.

목사는 항상 바쁘다는 인상을 준다거나, 혹은 한 주간에 주일 대예배 때 설교 한 번만 하는 사람이라는 인상을 주어서도 안 된다.

(2) 물질을 지혜롭게 관리해야 한다.

목사는 일하는 시간과 사례를 관련시키지 말아야 하며 다른 교회 목사의 사례비와도 비교하지 말아야 한다.

(3) 자기 이름을 소중히 여길 줄 알아야 한다.

목사는 누구에게나 추천을 한다든지 또 누구나 자신의 이름을 이용하도록 해서는 안 된다.

(4) 검소한 생활을 하되 외모를 단정하게 해야 한다.

목사는 항상 머리에서부터 발끝까지 외모를 단정히 하되 사치를 삼가고 유행에 민감할 필요는 없지만 너무 뒤떨어지는 것도 바람직하지 않다.

(5) 공적인 생활과 사적인 생활이 일치해야 한다.

(6) 끊임없는 연구와 자기 개발에 힘써야 한다.

(7) 말씀묵상과 기도, 그리고 독서 등을 통한 영성훈련에 힘써야 한다.

장로직

1. 장로의 명칭

장로는 히브리어로 '자켄'(zagen)이라고 하는데, 이는 '턱수염'이라는 뜻을 가진 '자칸'(zagan)이라는 말에서 파생되었으며 '노인, 선임자, 연장자, 나이 많은 사람, 어른'이라는 뜻을 가지고 있다. 또한 영어로는 'Elder'로서 '선배', '연장자', '고참'이라는 뜻이 있다. 이처럼 장로라는 명칭은 연장자, 지도자, 경험이 많은 사람, 지도권을 소유한 사람 등을 의미한다.

한편 구약에서 '장로'는 나이가 많은 것뿐 아니라 모든 면에서 성숙한 사람으로서 덕망이 있고 사회적인 영향력이 있으며 다른 사람을 지도할 수 있는 역량이 있는 사람이었다.

2. 장로직의 유래

1) 구약에 나타난 장로직

구약성경에 기록된 최초의 장로는 '애굽의 장로'이며 (창 50:7), 이스라엘 역사에 나타난 최초의 장로는 출애굽기 3장에 나타난다.

하나님께서 모세를 불러 출애굽의 명령을 내리시면서 '이스라엘 장로들'을 모아 그 뜻을 전하고 그들과 함께 애굽 왕에게 가라고 하신 것이다 (출 3:15–22). 그 후 이스라엘 역사에 장로제도가 본격적으로 실시된 것은 이스라엘 백성들이 광야생활을 하던 때였다. 당시 모세의 책임이 너무 크고 업무가 과중해서 혼자 모든 일을 감당하기 힘들었기 때문에, 하나님께서는 모세의 협력자로 장로 70명을 세우도록 명령하셨다. 그리고 그들이 장로의 직무를 잘 감당할 수 있도록 성령충만을 주심으로 (민 11:16, 17, 24, 25) 이스라엘 백성들을 이끌어 나가는 데 일익 (一翼)을 담당하도록 하셨던 것이다.

2) 신약에 나타난 장로직

신약시대에도 유대인 사회에 장로제도가 두루 퍼져 있었는데 그 중에 가장 중요한 역할을 했던 장로회는 예루살렘에 있던 '산헤드린'이었다. 산헤드린은 70인 장로회였는데 유대인 사회에서 최고 법정기관의 역할을 했다. 산헤드린 장로들은 일반적인 행정을 감시했으며 로마 당국에 대해서는 유대인들을 대표했다. 그들은 주로 율법을 해석하였으며 율법을 범하는 자들에게 형벌을 내리는 사법적인 역할도 했다. 이와 같이 산헤드린 장로들은 유대인 사회를 정신적, 종교적, 사회적으로 통솔하고 지도하는 사람들이었다.

신약교회의 예배 양식과 정치 양식은 유대인 회당에서 계승된 것이 많은데 장로직 역시 유대인 회당의 장로제도를 그대로 계승하여 초대 교회의 상황에 맞추어 적절하게 수정하여 발전시켰다. 한편 바울은 그가 세운 교회마다 장로들을 세워 교회를 다스리게

하였는데 (행 14:23) 당시 장로들은 사도들과 협력하여 교회 행정의
중요한 업무를 처리했다 (행 15:2, 4, 6; 16:4; 21:17-26).

3. 감독과 장로의 두 가지 명칭

감독은 헬라어로 '에피스코포스'(επισκοπος)라고 하는데, 이는
'επι'(위)라는 말과 'σκοπος'(보는 자, 돌보는 자)라는 말의 합성
어로서 '위에서 돌보는 자'라는 뜻으로 영어로는 'overseer'이다. 신
약성경에 9번(딤전 3:1, 2; 눅 19:44; 행 1:20; 20:28; 빌 1:1; 딛
1:7; 벧전 2:12, 25) 나오는데 장로와 동의어로 사용되었다 (행
20:17, 28; 딛 1:5, 7 참조). 따라서 감독과 장로는 명칭만 다를 뿐
이지 같은 직분을 의미한다.

한편 신약성경에서는 가르치는 장로를 '감독자'라고 하였으며 다
스리는 장로 즉, 치리하는 장로를 '장로'라고 불렀다. 초대 교회에
는 말씀 선포를 전담한 '가르치는 장로'와 봉사의 기능을 전담한
'다스리는 장로'가 있었다.

1) 가르치는 장로

초대 교회 당시 초창기에는 사도와 선지자, 전도자 등이 가르치
는 직무를 맡았었다. 그러나 점차 시간이 지나면서 직분자들이 사
라져 가자 장로들이 가르치는 일도 맡아보아야 했다. 더욱이 그리
스도의 산 증인들이었던 사도들이 하나둘씩 별세하는 반면, 교회
내에서 점차 이단 세력이 일어나게 되자 그에 맞서 사도들의 교훈

을 수호하며 옹호할 필요가 대두었다. 따라서 장로들 중에 특히 가르치는 은사를 받은 자들을 세워 말씀을 연구하고 가르치는 일에 전념하도록 했던 것이다.

한편 이 가르치는 장로는 일명 '목사'(Pastor)로도 불렸다(엡 4:11). 오늘날의 교회에서 장로와 집사와 함께 통상 직분 중의 하나로 존속하고 있는 목사 직분은 물론 현대 개신교회에 이르러 그 직무가 더욱 다변화되어 본래의 말씀을 중심으로 성도를 양육시키는 직무 이외에도 교회의 각종 직무의 통합 조정술으로그 대표자로서의 기능까지 가진 직분이 되었으나 근본적으로는 가르치는 직무를 가진 장로의 직분에서 비롯된 것이다. 또한 이들은 오늘날 말씀을 선포하고 가르치는 목사와 같으며 광의적으로는 소명을 받은 교역자를 모두 포함하는 말이다.

2) 다스리는 장로

교회가 점점 양적으로 성장함에 따라 사도들만으로는 교회를 효율적으로 다스릴 수 없게 되자 장로를 세워 다스리는 직무를 맡기게 되었다. 이들은 전적으로 교회에서 헌신적으로 다스리는 일에 충성하는 자들을 말하는데, 세상의 직장을 갖지 않고 교회에 몸담고 일을 하면서 교회에서 생활비를 받으며 치리하는 일을 하는 장로도 포함될 수 있다.

3. 성경이 말하는 장로의 자격 (딤전 3:1-7)

1) 소극적인 측면

(1) 책망할 것이 없으며

(2) 술을 즐기지 아니하며

(3) 구타하지 아니하며

(4) 다투지 아니하며

(5) 돈을 사랑하지 아니하며

(6) 새로 입교한 사람이 아니어야 한다.

2) 적극적인 측면

(1) 한 아내의 남편이 되며

(2) 절제하며

(3) 신중하며

(4) 단정하며

(5) 나그네를 대접하며

(6) 가르치기를 잘하며

(7) 관용하며

(8) 자기 집을 잘 다스릴 줄 알아야 하며

(9) 외인에게서도 선한 증거를 얻은 자라야 한다.

4. 장로의 직무 자세

1) 하나님께 대한 자세

하나님이 맡겨 주신 양 무리를 돌볼 때 마지못해 억지로 하지 말고 하나님의 뜻에 순종하는 마음으로 해야 한다.

2) 자기 자신에 대한 자세

양 무리를 돌볼 때 부정한 이익을 얻기 위한 목적으로 하지 말고 오직 기쁜 마음으로 해야 한다.

3) 성도들에 대한 자세

권위를 가지고 군림하는 자세로 하지 말고 모든 일에 본을 보이는 자세로 해야 한다. 또한 장로는 교회의 어떤 위치에서 무슨 일을 하든지 언제나 교회에 덕을 세우고(고전 10:23-24) 모든 것을 적당하게 하고 질서대로 해야 한다(고전 14:40).

뿐만 아니라 장로는 무슨 일을 하든지 마음을 같이하여 같은 사랑을 가지고 뜻을 합하며 한마음을 품어 아무 일에든지 다툼이나 허영으로 하지 말고 오직 겸손한 마음으로 각각 자기보다 남을 낮게 여기고 각각 자기 일을 돌볼뿐더러 또한 각각 다른 사람들의 일을 돌보아야 한다(빌 2:2-4).

5. 장로의 지위

1) 장로는 교회의 주인(主人)이 아니다

따라서 교회의 모든 재산을 장로의 이름으로 등기해서는 안 되며 교회의 재단법인이나 유지재단에 넘겨서 등기해 놓아야 한다. 뿐만 아니라 교회의 모든 행정적인 일이나 영적인 일들을 장로가 주장해서는 안 되며 모든 권리권이 하나님에게로 돌아가야 되고 교인 총수(總數)에게로 돌아가야 하며 교회의 대표자인 당회장이 관장하는 것이 원칙이다.

2) 장로는 교회의 대표도 아니다

교회의 대표는 장로가 아니라 목사이기 때문에 교회의 전반적인 체제가 목사를 중심하여 짜여야 하고 목사를 중심으로 운영되어야 한다. 그렇다고 목사가 교황처럼 되는 것은 결코 성경의 원리가 아니다.

3) 장로는 목사의 수족(手足)도 아니다

장로가 목사를 자기 손안에 넣고 자기 마음대로 주장하는 것도 잘못이고, 장로가 목사의 수족이라고 생각하는 것도 잘못이다. 다만 아론과 훌이 모세의 손을 붙들어 줌으로 모세가 하는 신령한 일에 협력하는 것처럼(출 17:8-16) 장로는 목사와 협력해서 양 무리를 돌보고 하나님의 나라를 확장시키는 것이 사명이다.

4) 장로는 목사를 감독하는 감독자가 아니다

장로가 교회의 감독자라고 해서 목사의 하는 일마다 간섭하거나 목사의 행실을 내사(內査)하여 감독하는 것이 아니고 교인들이 목사의 가르침에 합당한 생활을 하고 있는가를 감독하여 보고하는 것임을 잊지 말아야 한다.

한편 장로가 교회를 감독한다고 높은 자리에 앉아서 감독하는 것이 아니다. 장로는 교회 각 기관과 부서에 들어가 열심히 봉사하고 성도들을 가르치면서 혹시 불순종하는 자가 있으면 당회에 보고하여 치리하도록 하는 것이다. 그리고 무엇보다 중요한 것은 양 무리의 본이 되는 것이다.

5) 장로는 예수 그리스도의 고난의 증인이며 장차 주님의 영광에 참여할 자이다

장로인 베드로는 함께 장로 된 자들에게 "너희 중 장로들에게 권하노니 나는 함께 장로 된 자요 그리스도의 고난의 증인이요 나타날 영광에 참여할 자니라 너희 중에 있는 하나님의 양 무리를 치되 억지로 하지 말고 하나님의 뜻을 따라 자원함으로 하며 더러운 이득을 위하여 하지 말고 기꺼이 하며 맡은 자들에게 주장하는 자세를 하지 말고 양 무리의 본이 되라"(벧전 5:1-3)고 권면했다.

그러므로 장로는 이 세상에서 복음을 위해 수고를 아끼지 않았던 믿음의 선진들을 본받아 죽도록 충성해야 할 자들이다. 뿐만 아니라 장로는 장차 하나님의 나라에서 흰옷을 입고 머리에 금면류관을 쓰고 보좌에 앉으신 하나님 앞에 엎드려 세세토록 사시는 하나님께 경배할 최고의 지위를 가진 자들인 것이다 (계 4:4, 10).

6. 장로와 목사와의 관계

장로와 목사는 교회의 항존직으로 교리권 내지 교훈권은 목사가 수행해야 할 직분이며, 치리권은 목사와 장로가 함께 수행해야 할 교회의 최대 직분이다. 따라서 장로는 목사와 협력하여 행정과 권징을 관리하는 자로서 목사의 협력자가 되어야 한다.

1) 장로는 목사로 하여금 기도하는 일과 말씀 전하는 일에만 전무할 수 있도록 협력해야 한다 (행 6:2, 4)

예를 들면 목사는 교인들의 영적 생활을 전담한 자이기 때문에 교회의 대표인 장로는 목사의 육적 생활을 전담하는 것이 협력하는 일이다.

2) 장로는 정신적으로 목사의 협력자가 되어야 한다

목사가 교리나 진리에 모순이 없고 과오가 없는 한 목사의 목회 방침에 순종하고 복종하는 것이 협력하는 것이다. 목사에게 협력하는 최상의 방법은 기도해 주는 것이다. 중보기도의 위력을 알고 있던 사도 바울은 교인들에게 자신을 위한 중보기도를 간절히 요청했었다 (엡 6:18-19).

7. 장로와 장로와의 관계

장로들은 당회의 치리 회원으로서 다 같은 자격을 가졌지만 각자의 개성과 지식의 차이 또는 직업과 연령 및 환경이나 취미 등이 다양하기 때문에 서로 존중하고 섬기는 자세를 가져야 한다. 장로들 중에는 연령의 차이가 있어도 서로 예의를 지키면 노년층의 경험과 젊은 층의 박력이 조화를 이루어 치리회로서의 기능을 효과적으로 발휘할 수 있다.

그리고 장로들 중에는 선임자도 있고 장로 된 지 얼마 안 되는 후임자도 있기 때문에 서로 질서와 예의를 지켜야 한다. 또한 각자가 자신의 책임을 신실하게 감당하되 될 수 있으면 한 사람이 여러 가지 책임을 맡는 것보다 서로 분담하는 것이 바람직하다.

참고문헌

강병도. *호크마 종합주석 vol 8.* 서울: 기독지혜사, 1989.

김병원. *목회학.* 서울: 개혁주의신행협회, 1993.

박성민. *목회서신.* 서울: 순출판사, 2001.

박윤선. *성경주석 바울서신.* 서울: 영음사, 1980.

이상근. *신약 주해 vol 10.* 서울: 대한예수교장로회총회교육부, 1979.

이순한. *목회서신.* 서울: 한국기독교교육연구원, 1990.

이에스더. *상한 심령을 품어 주는 교회.* 서울: 예영커뮤니케이션, 2008.

임택진. *목회자가 쓴 목회학.* 서울: 기독교문사, 1994.

______. *장로학.* 소망사, 1997.

제자원 편. *그랜드 종합주석 vol 15.* 서울: 성서교재간행사, 1993.

조용기. *목회서신강해.* 서울: 서울서적, 1996.

______. *성역50주년기념 신약성경 강해전집 vol 17.* 서울: 서울말씀사, 2008.

최기채. *장로가 장로에게.* 서울: 대학관, 1991.

트리니티말씀대전 편찬위원회. *트리니티말씀대전 vol 28: 목회서신.* 서울: 목양서원, 1993.

황대식. *좋은 장로되게 하소서.* 서울: 혜선출판사, 1993.

Bloesch, Donald G. *목회와 신학.* 오성춘·최건호 역, 서울: 한국장로교출판사, 1993.

Bruggen, Jakob van. *목회서신들의 역사적 배열.* 김병국 역, 서울: 도서출판 솔로몬, 1997.

Constable, Thomas L. *디모데전후서.* 김운성 역, 서울: 두란노, 1992.

Dibelius Martin. *목회서신(국제성서주석).* 김득중 역, 서울: 한국신학연구소, 1983.

Hendriksen, William. *목회서신.* 나용화 역, 서울: 아가페출판사, 1980.

Noyce, Gaylord. *목회 윤리.* 박근원 역, 서울: 도서출판 진흥, 1992.

Oswald, Roy M. *목회자의 자기관리.* 김종환 역, 서울: 세복, 2000.

Wiersbe, Warren W. *어떻게 충성스럽게 살 수 있는가?* 심민호 역, 서울: 나침반사, 1994.

Dibelius Martin & Conzelmann Hans. *The Pastoral epistles: A commentary on the Pastoral Epistles.* Philadelphia: Fortress Press, 1983.

Knight, George W. *Commentary on the Pastoral Epistles.* W.B. Eerdmans; Paternoster Press, 1992.

목회서신

초판인쇄 | 2009년 8월 31일
초판발행 | 2009년 8월 31일

지은이 | 이에스더
펴낸이 | 채종준
펴낸곳 | 한국학술정보㈜
주 소 | 경기도 파주시 교하읍 문발리 파주출판문화정보산업단지 513-5
전 화 | 031) 908-3181(대표)
팩 스 | 031) 908-3189
홈페이지 | http://www.kstudy.com
E-mail | 출판사업부 publish@kstudy.com

등 록 | 제2-115호(2000. 6. 19)
가 격 | 21,000원

ISBN 978-89-268-0333-2 93230 (Paper Book)
      978-89-268-0334-9 98230 (e-Book)

내일을여는지식 은 시대와 시대의 지식을 이어 갑니다.